谨以此书献给辛勤耕耘在公园建设管理服务的一线工作者及所有热爱和关心公园事业朋友们！

1

2

3

4

5

6

7

8

9

10

11

北京植物园2009年“盛世华章”国庆花展

1

3

4

5

6

7

8

9

北京植物园2008年“五环连五洲”世界名花展

北京植物园桃花节郁金香展区（上）
北京植物园新春兰展—诺亚方舟（中）
北京植物园新春兰展—冰川消融（下）

1

2

3

北海菊展

科技之花展区——球形影幕

科技之花展区——LED植物生长灯与花卉栽培

科技之花展区——航天育种

魅力之花展区——蜂眼看花（1）

魅力之花展区——蜂眼看花（2）

魅力之花展区——花卉奇观

入口景区“万花迎宾”

生命之花展区——恐龙时代的植物（1）

生命之花展区——恐龙时代的植物（2）

生命之花展区——恐龙时代的植物（3）

生命之花展区——恐龙时代的植物（4）

1994年首届北京竹文化节（紫竹院公园园林科技科供稿）

1

2

第十二届紫竹院公园竹荷文化展东门外主题花坛（紫竹院公园园林科技科供稿）（上）
第十二届紫竹院公园竹荷文化展东门内以“清凉蜀风”为主题的花坛（紫竹院公园园林科技科供稿）（中）
文化节中展示的竹工艺展品（紫竹院公园园林科技科供稿）（下）

北门花坛—吉庆有余 1

东门主花坛—争先 2

紫竹院公园第十五届竹荷文化展暨奥运会（紫竹院公园园林科技科供稿）

竹文化节白族舞蹈表演（紫竹院公园园林科技科供稿）（上）
游客参观五环连五洲世界花卉展科普展（下）

桃花节暨世界名花展（上）
夏令营活动–种子画福娃（中）
市民迎奥运（下）

北宫门“金蕊送秋”主题花坛

1

东宫门“园林之源”主题花坛

2

国花台“御书盛事”主题花坛 3

文昌院“桂花”盆栽 4

颐和园第九届“颐和秋韵”桂花节

公园建设管理服务丛书

公园文化活动

Park Cultural Activities

北京市植物园 主编

中国建筑工业出版社

图书在版编目（CIP）数据

公园文化活动/北京市植物园主编. —北京：中国建筑工业出版社，2011.6
（公园建设管理服务丛书）
ISBN 978-7-112-13058-0

Ⅰ.①公… Ⅱ.①北… Ⅲ.①公园—文化活动 Ⅳ.① G247

中国版本图书馆CIP数据核字（2011）第043568号

责任编辑：杜　洁
整体设计：付金红
责任校对：陈晶晶　王雪竹

公园建设管理服务丛书
北京市公园管理中心　主编
公园文化活动
北京市植物园　主编
*
中国建筑工业出版社出版、发行（北京西郊百万庄）
各地新华书店、建筑书店经销
北京嘉泰利德公司制版
世界知识印刷厂印刷
*
开本：880×1230毫米　1/32　印张：$6^{5}/_{8}$　字数：257千字
2012年1月第一版　2012年1月第一次印刷
定价：**28.00**元
ISBN 978-7-112-13058-0
(20459)

Preface 序一

学科中的学科

——贺《公园建设管理服务丛书》出版

每个学科都有管理的多项内容，中国工程院设立了管理学部，遴选时先在所属学科评选，然后还要到管理学科评选。因此管理是学科中的学科，不同学科中以管理为中心的学科。风景园林有设计、施工、管理三个建设的环节，“三分种、七分管”是大家熟知的一句行话，其实不仅是种植，设计和施工是头两个重要环节，但相对是短暂的，唯有管理是长期的、持续发展的。它要长期体现设计的成就和施工的效果，风景园林管理是压台的大轴戏。

每个学科，甚至每种事物，你要钻进去看就是一个世界，如琴、棋、书、画、金石、集邮甚至火柴盒、香烟盒。这正说明了文化的综合交叉性。所以首先我们要认识公园管理的综合性。管理一般包涵行政管理和技术管理，所涉及的内容是极其广泛的，综合性是十分强的，强到很难划分范畴。仅就技术管理而论，北京这些古代园林，五坛八庙、三山五园、燕京八景，不论作为导游或管理者你必须了解通史和园林史、知道中国园林艺术传统文化内容、熟悉工程技术和植物生长发育的规律，还不得不掌握历史名人的诗情画意。一句话，园中的内容你都得说出个子丑寅卯来，这学问就大了去了。就看你钻研多深了，修行在个人。所以我说这套丛书第一个特色是它的综合性；第二个特色是它的专业性，写丛书的人大多是学科专家，不仅是实践的人才，也是研究的人才。说什么都从根源说起，一把扫地的扫帚、一把掸灰的拂尘，引经据典地释词义，让你知道来龙去脉，不仅是讲热闹，而且是内行讲的门道。言简意赅，深入浅出，让您既看得懂而又可无限地深入研究；第三特色是尽最大可能地贯彻科学发展观，实事求是地认识客观事物。从史出论、有观点、有印证，而且留有不断改进的余地。讲究而不将就，尽可能做到美好，美轮美奂。整套丛书，以图和照片相辅文字，以具象印证抽象，充分体现了公园是形象艺术的特色。

正因为这是一门“学无止境”的学问，盼望读者与作者互动，共同来不断提高它的质量。我在此向致力于本书的署名和不署名的人们致以诚挚的敬礼，感谢您们对学科建设所作的贡献。

2011年4月15日

Preface 序二

公园是公众喜爱的游览、休闲和健身场所，已经成为百姓日常生活不可或缺的组成部分，特别是节假日活动的重要内容。同时，它既是城市生态环境建设和构建和谐社会的基础，也是中华传统文化和地域文化的重要载体。

有关城市绿化的书出版了很多，有不少涉及公园的内容。此套丛书作者都是每日在公园内劳作的工作人员，从公园建设、维护、管理者的角度来介绍公园。读过此书的感受到此书的特色，也许没有领导的高瞻远瞩，没有知名专家论述的深邃和专业，然而却是朴实而真实的，是用日积月累的辛勤汗水换来的，是与以往此类书籍相比的很大一个不同，相信将给读者带来全新的感受。就像同一个故事，有正史书籍，也有评书、还有电视剧，至于此套丛书会给大家何种感觉，相信每位读者都会有自己的认知。

由于工作关系，我也去过不少公园，每次都有不同的感受，随着时代的进步，社会经济各行业的发展，公众文化水平的提高，对公园的要求也越来越高，公园可以说是个小社会，包含了方方面面。此套丛书内容丰富，包含了八个方面的内容，特别是公园导游讲解、公园园容管理、公园餐饮文化、公园导览标识、公园文化活动等等都是以往的书籍很少涉及的内容，为我们介绍了鲜为人知的许多故事。

相信这套丛书能从新的角度、新的内容使普通的读者更全面、更理性、更深层次地了解公园，也能为更多的公园管理者得到启示和借鉴，感谢北京市公园管理中心为广大读者编辑出版了这套新颖的好书。

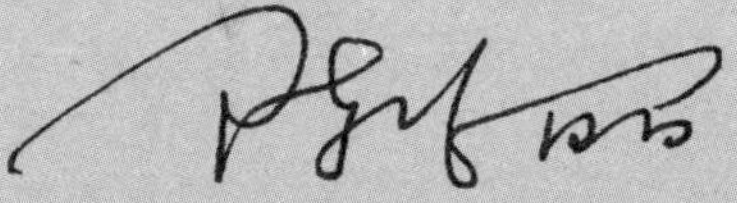

中国风景园林学会理事长

2011 年 1 月 19 日

前言 Foreword

公园文化活动是泛指在公园内举办的以教育、游憩、纪念、庆祝、宣传及其他为目的的各类展览、展示、科普和游园活动。公园文化活动侧重于以公园作为主体而举办、协办的各类活动。随着社会经济的快速发展，公众对于公园的需求已经不仅仅满足于一般的休闲游憩和放松身心，丰富多彩的文化活动对于提高公园的综合功能，满足公众的精神文化需求，具有非常重要的意义。

北京植物园是隶属于北京市公园管理中心的一所以植物搜集、展示、保护和研究为目的的植物园。多年来，以北京桃花节为特色的系列文化活动赢得了广泛的声誉，并创造了优良的社会效益和经济效益。系列文化活动的开展，提高了公园的知名度，吸引了游人。通过文化活动，开展科普教育、弘扬先进文化、倡导环境友好生活方式，为提高国民素质起到了重要作用。北京市的许多公园在文化活动中树立很多品牌，这其中，香山红叶节、龙潭公园和地坛公园的庙会等活动早已经享誉全中国，走向世界舞台。

本书在调查研究国内外公园活动的基础上，针对公园文化活动的内涵、创意策划、实施运行、项目管理、效果评价等方面开展论述，对公园文化活动的全过程进行阐释，此外，还利用较大篇幅，提供了较多的公园文化活动范例，旨在为公园管理者开展文化活动提供参考。

《公园文化活动》是在北京市公园管理中心的统一组织领导下编写的，是《公园建设管理服务丛书》的分册之一。在编写过程中，赵世伟、陈红岩、朱莹、康晓静、赵萌、刘东燕、赵鹏、刘东来参加了工作。编者中既有多年从事公园策划的管理者，也有亲手组织、实施文化活动的一线技术人员。由于编者水平有限，难免存在错误和不足，恳请读者不吝指正。

编者

2011 年 2 月 14 日

Contents 目录

第 1 章　公园文化活动概述

1.1　公园与公园文化活动

1.1.1　公园概论

（1）公园的形成

城市园林在奴隶制社会出现后开始发展。"公园"这种园林形式是从古代城市公共园林演变而来。17 世纪资产阶级革命之前，外国或中国都存在着城市公共园林，主要是皇家宫苑、贵族宅园、寺庙附属庭园及公共游乐地，它们是古代城市居民游憩活动的主要场所，是公园赖以产生的基础。

资产阶级革命的胜利导致城市公园的诞生。人们把宫苑和私园向公众开放，统称之为公园，为 19 世纪欧洲各大城市产生一批数量可观的公园打下基础。

城市扩大、人口增加、城市环境恶化和中上阶层游憩生活需要，是促使城市公园发展的社会基础；民族工商业迅速发展，新兴资产阶级向公园建设投资，是其发展的经济基础；民主思想和博爱精神，是其发展的政治基础。欧美各国广泛兴起的"公园运动"，对我国近代公园的兴起产生影响。

新中国成立以来我国城市公园的发展，有成功经验，也有失败教训。正确认识这些因素、影响，对指导、促进我国现代城市公园建设事业的发展，有深刻现实意义和深远历史意义。

(2) 城市公园的意义

公园的意义包含5个方面：卫生环保意义、美育意义、游憩生活意义、政治文化意义及综合功能意义。

城市公园是社会生活发展的必然产物，是随着近代城市发展而兴起的公共绿地形式；其主体是有观赏价值的动、植物等自然要素，辅之以必要建筑设施；其功能是为广大市民游憩生活提供清新、优美、舒适的环境空间，通过园林的艺术形式和各种文化活动，陶冶市民热爱自然、热爱生活的美好情操，促进身心健康，提高社会精神文明水平，起到调节城市生态系统动态平衡，提高城市景观审美价值、防火避难等作用。城市公园是游憩生活、环境生态、经济发展、园林艺术四位一体的产物，是衡量近现代城市建设水平的重要标志。

(3) 城市公园的分类

1) 世界各国对城市公园没有形成统一的分类系统。

①美国系统，主要包括儿童游戏场，街坊运动公园，教育娱乐公园（动物园、植物园、标本园等），街坊公园，风景眺望公园，水滨公园，大型风景娱乐公园，广场公园。

②德国系统，主要包括郊野森林公园，国民公园，运动场及游戏场，各种广场，分区园，花园路。

③前苏联系统，主要包括全市性和区域性的文化休息公园，儿童公园，体育公园，城市花园，动物园和植物园，森林公园，郊区公园。

④日本系统，主要包括儿童公园，近郊公园，地区公园，综合公园，运动公园，风致公园，动、植物园，历史公园，广域公园，游憩都市。

⑤我国城市公园分类系统，没有统一的明确定义。按服务半径、管理体制分，可有全市性公园和区域性公园两类；按公园的性质和园景特征分，可有综合公园和各种专类公园。城市公共园林（绿地）总体分类见图1.1–1。

建立科学的公园分类系统，有助于我们正确把握各类城市公园、绿地性质，合理进行有效建设、经营，避免无所适从和浪费现象，满足现代社会生活趋于个性化、多样化发展的需要。

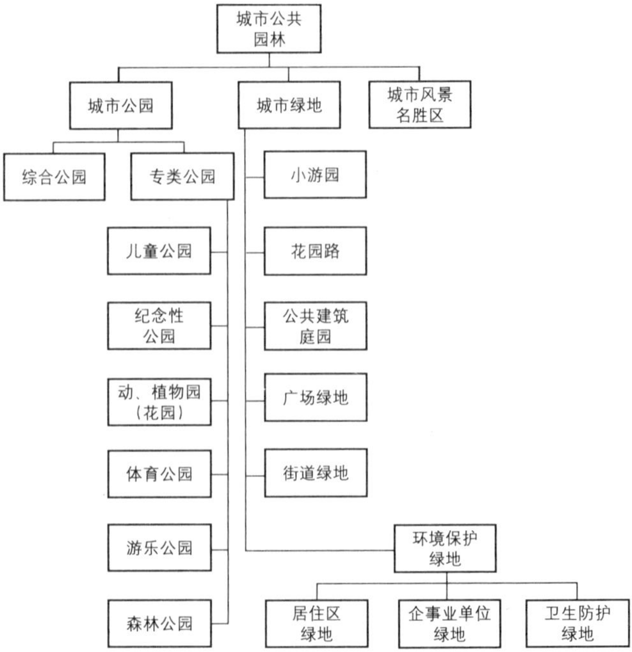

图 1.1-1　城市公共园林分类系统

2）按照类型分：

公园类型指：综合性公园、儿童公园、植物园、动物园或街旁游园等。内容应与类型一致，应有足够的绿化。

①**综合性公园**内容包括多种文化娱乐设施、儿童游戏场和安静休憩区，可设游戏型体育设施。一般城市都有一个到几个综合性公园，内容丰富，但园内不应设置专业性体育设施，以免变成体育用地，混淆城市用地性质，减少城市绿地面积。公园内驯养大型动物、猛兽类动物需较多卫生、安全防护设施，开支大。在已设有动物园的城市，综合性公园内不得设这类动物展区。鸟、金鱼、兔、猴等展区可在综合性公园内选择一个角落布置。综合性公园内容多，各种设施占较大园地面积，为确保公园内有良好自然环境，公园规模不小于 $10hm^2$。前苏联文化休息公园和我国综合性公园相类似，这类公园的文化娱乐

设施用地约需 1.5hm^2，占地面积不超过公园面积 5%，市级公园面积不少于 30hm^2，特殊情况，设施占地不超过 10%，公园最小规模不小于 15hm^2。日本综合公园标准规模为 10 ～ 50hm^2，最低为 10hm^2。我国的下限定为 10hm^2。按近期公共绿地指标为 3 ～ 5m^2/ 人，一个 10 万人小城市有 30 ～ 50hm^2 公共绿地面积，建一个 10hm^2 以上综合性公园是完全可能的。

②**儿童公园**有儿童科普教育内容和游戏设施，全园面积大于 2hm^2。儿童公园既要有丰富的内容，又因儿童体力有限，面积不宜太大，设施布置须紧凑，有良好自然环境。我国现状儿童公园面积不大，38 个儿童公园平均面积为 4hm^2，最大 23hm^2，最小 0.2hm^2。

③**动物园**有适合动物生活的环境，游人参观、休息、科普的设施，安全、卫生隔离设施和绿带，饲料加工场及兽医院。检疫站、隔离场、饲料基地不设在园内。全园面积大于 2hm^2。专类动物园以展出具有地区或类型特点动物为主要内容。全园面积在 5 ～ 10hm^2。动物园笼舍、动物活动场、游人参观场等占地较多，需有较大绿化用地面积，满足卫生、安全防护隔离和创造优美环境的要求，故动物园应有较大规模。综合性动物园大于 20hm^2，专类动物园 5 ～ 20hm^2。全国现有综合性动物园约 50 个，质量好、完整的动物园面积均在 20hm^2 以上。这里指的是城市范围内笼养式动物园，不包括天然动物园。

④**植物园**应创造适于多种植物生长的立地环境，有体现本园特点的科普展区和相应科研实验区。全园面积大于 40hm^2。专类植物园以展出具明显特征或重要意义植物为主要内容，全园面积大于 2hm^2。盆景园以展出各种盆景为主要内容，独立盆景园面积大于 2hm^2，附属于其他公园内的盆景园面积不受此标准限制。植物园需多种生态环境，如设较宽绿化带、园外隔离带，创造各种地形、水体，以便为多种多样的植物提供适宜环境。植物园用地面积较大，规模大于 40hm^2。现状综合性植物园面积在 20～1000hm^2，平均 130hm^2。专类植物园如月季园、杜鹃园等，规模可据内容多少确定，通常不小于 2hm^2。

⑤**风景名胜公园**应在保护好自然和人文景观基础上，设适量游览

路、休憩、服务和公用等设施。风景名胜公园指随城市用地发展，把近郊风景区划入市区，起城市公园作用，也称郊野公园。

⑥**历史名园**修复设计必须符合《中华人民共和国文物保护法》规定。为保护或参观使用而设置防火设施、值班室、厕所及水电等工程管线，不得改变文物原状。历史名园，指由各级政府核定为文物保护单位的历史名园。为方便游人参观、人员看守和设置防火防盗设施，增加少量建筑、工程管线是必要的，但不能有损于古迹或破坏原貌。

⑦其他**专类公园**应有名副其实的主题内容。全园面积大于 $2hm^2$。随着人民生活水平提高、文化事业发展，今后还会建设各种专类公园。这类公园有其特定的主题内容，如雕塑公园、交通公园等。

⑧**居住区公园**和**居住小区游园**须设置儿童游戏设施，应照顾老人游憩需要。居住区公园陆地面积 5 ~ $10hm^2$ 随居住区人口数定。居住小区游园面积大于 $0.5hm^2$。《城市用地分类与规划建设用地标准》(GBJ 137）中第 4.2.1 的条文表明，居住区公园人均指标为 $2m^2$，一般居住区人口 3 ~ 5 万人，居住区公园面积 5 ~ $10hm^2$。从生态环境和游憩效果考虑，绿地面积应尽量集中，每个居住区最好集中设一个居住区公园。日本居住区公园标准规模为 $4hm^2$，其小区公园标准规模 $2hm^2$，最小 $1hm^2$。我国居住小区游憩绿地按每个居民 $1m^2$ 计，一个小区人口约 1 万人，小区游园面积即 $1hm^2$。小区游园应尽量集中，其规模不宜小于 $0.5hm^2$。

⑨**带状公园**应具隔离、装饰街道和供短暂休憩作用。园内设置简单休憩设施，植物配置要考虑与城市环境关系及园外行人、乘车人对公园外貌的观赏效果。带状绿地指沿城市主次干路、河流、旧城基等狭长形绿地。

⑩**街旁游园**应以配置精美园林植物为主，讲究街景艺术效果并设供短暂休憩设施。街旁游园指位于城市主、次干路和支路附近街道红线以外的游园。面积有时虽小，对城市景观影响很大。设计时需考虑内部布局，满足短暂休息，注意沿街部分艺术效果。

3）按照规模分：

①大型公园：大型公园不能一次建成，须处理好近、远期建设关系，做到公园与周围环境的协调和内部的整体统一。大型公园面积在 $10hm^2$ 以上。大型公园主要是市级综合公园和专类公园。

②中型公园：中型公园面积介于 $2\sim10hm^2$ 之间。中型公园多为区级综合公园。

③小型公园：小型、1 ～ 3 个宅基大小的公园（有时也称作袖珍公园），主要服务于当地的步行者。通常被少年儿童使用。小型公园面积在 $2hm^2$ 以下。小型公园一般为居住小区公园、街头公园等。

4）按照功能分：娱乐公园、文化公园、商业公园、文物公园、动物公园、主题公园、火山公园、地质公园、森林公园、植物公园等。其中，火山公园是以观赏火山喷发奇景为主题的特殊游览区，建立于地壳活动带上，往往以景色壮观、富有刺激性而成为著名旅游胜地。目前我国主题公园包含 6 种分类形式：民俗风情、自然生态、未来科技、历史文化、微缩景观、康乐休闲。

5）按照形状分：带状公园、线性公园等。

6）按照地域分：邻里公园、街心公园、校园公园、办公区公园等。其中，邻里公园主要为草地、林地和种植区等软质景观组成，通常位于居住区内，其设备和设施服务用于不同类型的活动：主动活动（运动、游戏、散步）和被动活动（闲坐、晒太阳、休息）。具体用途依邻里的密度和区位而定。

7）按照隶属关系分：国家级公园、市属公园、区属公园等。

8）特殊公园：郊野公园、滨河公园、森林公园、湿地公园、地质公园、遗址公园等。

9）规范术语解释：

①公园：供公众游览、观赏、休憩、开展科学文化及锻炼身体等活动，有较完善的设施和良好的绿化环境的公共绿地。公园类型包括综合性公园、居住区公园、居住小区游园、带状公园、街旁游园和各种专类公园等。

②儿童公园：曾用名称儿童乐园，单独设置供儿童游戏和接受科普教育的活动场所。有良好的绿化环境和较完善的设施，能满足不同年龄儿童需要。

③儿童游戏场：曾用名称儿童乐园，独立或附属其他公园，游戏器械较简单的儿童活动场所。

④风景名胜公园：曾用名称郊野公园，位于城市建成区或近郊区的名胜风景点、古迹点，以供城市居民游览、休憩为主，兼为旅游点的公共绿地。有别于大多位于城市远郊区或远离城市以外，景区范围较大，主要为旅游点的各级风景名胜区。

⑤历史名园：具有悠久历史、知名度高的园林，往往属于全国、省、市县级文物保护单位。

⑥街旁游园：曾用名称小游园、街头绿地，城市道路红线以外供行人短暂休息或装饰街景的小型公共绿地。

（4）公园的功能

辟建公园，开展“高尚娱乐”，有利于社会建设、心理建设和物质建设，增进个人自利利他之观念，减少消极伤感之人生观，有助于维持秩序、减少罪恶、保全健康、预防灾害、普及社会教育、调剂都市功利主义、提高土地价值、促进工商业发展等等。人们使用公园的动机，经常被提及的有两个：

一是对自然的渴望：如呼吸新鲜空气，接近自然景色，享受未被人类改变的环境。公园经常被认为是钢筋混凝土沙漠中的绿洲。公园的自然要素带给过路者和进到公园的人视觉上的放松、四季的轮回以及与自然界的接触。

二是与人交往的需求：虽然大多数公园使用者宣称“接触自然”是他们去公园的主要动机，但通过观察人们在公园的行为却发现，社会交往——公开的和隐蔽的同样重要。人们经常根据其他人是否去公园，而不是根据景观特征或休闲消遣机会来决定去不去公园。

如今，以城市公园为代表的城市绿色空间日益渗透到人们日常生活中，与人们生活质量息息相关。城市规模越大，人们对城市公共绿地需求越强烈。人们越来越多地探讨如何开辟和保护城市的自然风貌和生态资源，越来越关心城市生活的环境质量。法国风景园林大师吉尔·克莱芒把整个地球看做一座花园，人类活动覆盖在这个花园最外表层。他认为可通过人的"介入"，使整个地球达到最终的平衡发展。受这个思想影响，今天巴黎城市公园的建设，把"自然"整体引入到城市、公园等绿色开放空间，规划、限定了城市的无序蔓延。公园在生态、社会和文化等方面发挥了重要作用，已成为城市发展和保持平衡所必须具备的多功能设施，是协调自然与人类生活的最终方式和手段，为城市空间增添了无限的生机和活力。

公园还有很多其他功能，如：

满足人们多样化的需求：由于社会文化差异，人们对公园喜好不同，来公园目的不同，年龄差异及特殊人群等原因，人们对公园产生了不同需求。满足人们多样化需求，是公园的职能和义务。

游憩功能：公园游憩功能是直接为城市居民生活服务的、不可缺少的社会公益事业，即具有社会效益。

犯罪预防：低收入邻里开放空间的缺乏早已为人所知。强调游憩空间的缺乏与青少年犯罪之间存在的联系已成为要求改善城市公园的一项紧迫的论据。犯罪学学者们发现无法直接衡量有多少犯罪是由开放空间和休闲机会的缺乏所导致，但是大量证据表明当这类设施得到改进时，犯罪率通常会降低，有时是大幅度的。

对环境的影响：常规公园中会有较大的绿化面积，有些公园中会有山体、湖泊。这相当于人为创造出一个小型气候带。公园中很少会有机动车，这使公园中的空气非常新鲜。如拉·古尔纳夫公园，湿地区域的建设使原本由于大量废渣填埋造成的生态失衡得以缓解，在植物和动物之间建立了良好的平衡关系。

紧急避难人员集散地：当发生地震、灾害、战争等突发的、大规模的、具有很强破坏性的自然或人为的事件的时候，公园开阔场地可用于临时避难、疏散人群。公园中优美的自然环境有助于舒缓人们紧张情绪。在城市避灾防火方面，公园也起到重要作用。1976 年 7 月，北京市受唐山大地震波及。城区内 15 个公园，防震期共安置疏散居民 140 余万人。天津市人民公园（面积 14.2hm^2），在救灾期间最多时住了 1000 多户，5000 余人。人们利用公园里的树木搭棚，创造了临时避震的生活环境。

正如赫伯特 · 马斯卡姆所观察到的："公园实际上是这样一个地方，在那里，设计者通过他们的行动，最重要的是相互作用，开始使那种由环境主题所引发的悲观主义的忧郁、麻木的气氛得到升华……在不远的将来，公园里所发生的一切将不再只是具有现实价值，同时还将具有象征意义，成为一种符号，代表了在建构即将出现的全球文化中我们所能取得的成就。"

1.1.2　公园文化活动的内涵

（1）文化的基本内涵：广义的文化，是指人类在社会实践过程中所创造的物质财富、精神财富的总和，指的是每个民族为了生存和发展所创造的一切文明成果。文化等于"文明"，包括物质文明和精神文明。文化是包罗万象的，世间万物都是文化，凡是人创造的一切都是文化。狭义的文化，是指社会意识形态以及与之相适应的制度和组织机构，仅把观念形态的精神文化视为文化，它包括社会伦理道德、政治思想、文学、艺术、哲学、宗教、科学技术、民情风俗、民族心理、思维方式等，不包括物质文明，专指精神文明。

（2）文化的基本类型：物态文化、制度文化、行为文化、精神文化。

物态文化是文化的物化形态，又叫文化的实物现象，如中国的万里长城、埃及的金字塔以及考古学家发现的各种文物。

制度文化是文化的制度形态，如社会的法律制度、政治制度、经济制度以及人与人之间的各种关系准则等，都是制度文化的反映。

行为文化是文化中的行为形态，或是人们在社会交往中约定俗成的行为模式。通常以民风、民俗的形态出现，见于日常起居行为之中，具有鲜明的民族特色、地域特色。

精神文化是文化的精神形态，相对于物态文化而言，包括社会心理和社会意识形态两部分。

(3) 文化的基本特征：文化具有地域性、民族性、时代性和继承性。

(4) 活动，指积极的、有一定社会意义的行动，而且是围绕着预定目标，为达到预期效果而采取的行动。人类有组织的活动包括两种类型：一类是常规活动，指周而复始、连续不断的日常运作；另一类是非常规活动，这种活动往往是临时的、一次性的，而且有清晰的起始期限。

(5) 文化活动概述：

文化活动是主要的文化服务形式。在国外，活动行业中将文化活动定义为“特殊的活动”之一，而特殊活动是指精心设计和举办的某个特定的意识、演讲、表演或庆典，特殊活动标志着某个特定的场合或要达到的社会、文化和社团目标或目的。而文化活动则是特殊活动的子集并且囊括了大部分的特殊活动。所以，文化活动从更大的范围属性来定义也可称为文化项目。

文化活动是文化的活动，对文化需求的满足和对文化交流与发展的促进作用是必须考虑的。作为一种特殊的活动，文化活动的创意策划必定有自己独特的属性。

我国地域辽阔，民族众多，文化活动丰富多彩。如此众多的文化活动，如利用好，将是一座珍贵丰富的旅游资源宝藏。利用节日形式，注入现代生活，举办各种文化活动，已经成为公园必需的项目。例如北京植物园的桃花节、香山的红叶节等等。

(6) 公园文化活动的定义：以公园为主阵地开展的文化活动。

(7) 公园文化活动的目的。

科学合理地引导、组织公园文化活动，有利于满足人民群众日益增长的物质文化需要，有利于释放人们的压力，有利于传统文化和现代文明的传承，有利于精神文明建设工作的推进，有利于社会的和谐和发展。

公园文化活动可有效解决公园游客重游率低的问题。举办者可通过组织文化活动，拓展公园、景点的文化内涵，增加互动的游乐项目。通过举办公园文化活动，可活跃公园气氛，提升公园吸引力、知名度，树立公园良好形象，使游人量增加，从而促进公园发展，获得更大经济效益。通过举办公园文化活动，可发挥公园社会效益和环境效益。通过举办公园文化活动，可满足广大游客想要在公园中释放压力、增长知识、增进交流的愿望。

公园文化活动不仅要反映出活动的个性与特征，还要具有一定的艺术表现力和视觉冲击力，才能够被大众所认可。例如北京植物园一年一度的春节兰花展。人们走入植物园展览温室，就好像走入了兰花的世界。各种各样、各种颜色的兰花铺天盖地——它们组成的景观主题鲜明，风格多元化，内涵丰富，意境悠远。

对于公园人来说，公园文化活动的目的在于积极探索公园工作如何融入和服务于工作大局、如何定位好公园在建设世界城市中的地位与作用。

(8) 公园文化活动的具体内容：民俗民风、科学知识、传统文化、技能交流、签约合作、纪念缅怀等。如首届中韩插花花艺交流展在北京植物园科普馆举行，公园系统服务奥运誓师大会在北京植物园展览温室门口举行，纪念圆明园罹劫 150 周年晚会在圆明园大水法遗址处举行。公园文化活动的主题内容往往从文化传统和公园的特色出发，经过精心策划、宣传和组织，满足游客对体验性、娱乐性的要求，实现公园商业性或公益性的目标。

(9) 公园文化活动的具体形式：讲座、论坛、竞赛、咨询、表演、科普、展板、景观、展览、馈赠、调查、餐饮、民风民俗活动等。如系五彩丝、端午节茶艺表演、花卉栽培咨询、插花表演等。考虑到多数游客的目的是通过参加公园文化活动获得特殊的娱乐经历，公园文化活动的形式必然要求活泼、亲和力强。

(10) 公园文化活动的功能及特征：公园文化活动兼具文化价值和经济价值，是文化现象与经济内容的载体。随着公园的发展，人们越来越认识到公园文化活动的经济内容载体功能，并且意识到这种功能的潜在价值。各个公园都有很多形式不同、内容丰富的公园文化活动。这些活动一般盛行于民间，反映着人们的期盼和情感，具有颂扬和睦、祝愿吉祥的社会积极作用。公园文化活动的公园性特征非常鲜明，且生活气息浓郁，有极强的感染力和广泛的群众基础。这些公园文化活动为人们喜闻乐见。

1）**地域性**：主要指不同公园之间的差异性，不同公园由于各自历史条件、文化民俗、地理环境不同，产生不同的公园文化活动。因此公园文化活动的魅力首先在于它是独有的，是在其他公园中无法创造的。

2）**体验性**：游客通过亲身参与到公园文化活动当中去，可感受强烈的活动氛围，获得亲身体验，留下深刻的印象。因此，公园文化活动的过程也是游客的参与过程。

3）**神秘性**：有些公园文化活动笼罩着一层神秘的色彩，这使游客对其产生浓厚的兴趣。比如天坛、地坛举行的各种祭祀活动，如北京植物园全国首展巨魔芋（世界上最臭的花），都带有神秘色彩。它们能够满足游客们求新求异的心理需求，能够吸引喜欢探秘猎奇的游客。

4）**文化性**：文化是公园文化活动的重要内容，是其最重要的特征之一，是真正吸引游客的深层次因素。通过拓展公园文化活动空间，不仅可活跃旅游市场、丰富旅游资源，还能加强国家间、地区间文化的交流。如北京植物园的国花国树展，不仅让中国老百姓了解了世界各国国花国树，还让人们了解了那里的风土人情，通过国家间互赠国花，达到文化交流、交融的目的。公园文化活动可让游人感悟历史文脉，丰富人们的文化内涵。

5）**经济性**：公园文化活动往往有特定主题，并在特定空间范围内定期或不定期举行，它以其独特形象吸引大批区域内外的旅游者，并产生大小不等的轰动效应，提高公园知名度，促进公园、当地乃至区域社会经济全面发展。公园文化活动带有很强的经济性，能够对经济发展产生巨大影响。

6）**社会性**：有的公园文化活动，规模较大，由此吸引来巨大的游人量。活动中所蕴含的丰富的文化内涵，对人们的工作、生活、人生态度、世界观等，都具备了很大的引导意义。公园文化活动带有很强的社会性，对社会和谐、稳定有巨大支撑、推动作用。如北京植物园将奥运会油橄榄枝制作成标本，全国巡展，将奥运会倡导和平的理念带给全国人民。

7）科普性：了解科学知识、思想文化等。指导儿童人生观、价值观。如北京植物园开展的生物多样性保护科普展览。

8）娱乐性：公园文化活动可让游客放松身心。

9）公益性、大众性：公园文化活动可为游客提供人与人交流的场所，提供机会让人们与自然亲近，通过让游人亲身经历、参与活动这一形式，来丰富游人的人生经历。

（11）公园文化活动的重要意义

1）公园文化活动可迅速塑造公园形象。

2）公园文化活动可塑造公园精神，使公园具有文化使命感。

3）公园文化活动可增强公园竞争实力。

此外，公园文化活动还具有社会效益、生活效益、环境效益及经济效益。

其社会效益在于公园文化活动体现了社会主义制度优越性。随着城市发展，公园文化活动与市民游憩生活的关系日益密切。自古中国人民就热爱自然，追求在自然境域中生活。这种不懈的追求，是促进公园文化活动的基本动力，是促进公园文化活动发展的重要因素。

其生活效益表现在它满足城市居民向往自然的多方面游憩生活需要上。公园文化活动对满足城市居民正常的游憩生活需求具有重要意义。公园文化活动是社会生活面貌的镜子，内容有时与当地民风民俗有关。如昆明人喜欢到圆通公园去观赏樱花，在樱花林中唱歌跳舞。公园是社会文化建设的重要阵地。党的第十二次全国代表大会指出："文化建设也应当包括健康、愉快、生动活泼、丰富多彩的群众性娱乐活动，使人民在紧张劳动后的休息中，得到有高尚趣味的精神上的享受"。人民身心健康发展，是社会主义社会前进的物质基础。公园文化活动的社会生活意义正在于此。

（12）公园文化活动与公园的关系

公园文化活动与公园相互依赖，相互促进。近来，公园文化活动的蓬勃发展进一步证明公园举办这类活动的能力，进一步证明公园文化活动的强大生命力和活力。公园文化活动是以公园为主要举办场所开展的文化活动。这些活动的突出特点是文化性、娱乐性、参与性较强，并在其中融入了公园文化科学知识及园林文化科学知识。

1.1.3 公园文化活动的分类

公园文化活动按不同的分类方法可分为多种形式。了解公园文化活动的类型，对于开发和策划公园文化活动、推动公园的发展有十分重要的意义。

按公园文化活动产生属性分，可分为传统性活动和非传统性活动，日常文化活动和临时文化活动，大众文化活动和小众文化活动。按规模分，可分为大型活动和中小型活动。按内容分，可分为文化娱乐活动、科普活动、体育活动和展览活动。按季节分，可分为春季文化活动、夏季文化活动、秋季文化活动和冬季文化活动。按活动主题分，可分为自办型文化活动、承办型文化活动以及合作型文化活动。按涉及内容多少分，可分为单一性主题和综合性主题两类。按参与程度分，可分为亲身参与型、观赏型和混合型。此外，还有各种节庆文化活动。

在公园类型和公园文化活动内容上，近来国外出现了多样化趋势。如美国宾夕法尼亚州"知识公园"，是广大青少年旅游热点。斯里兰卡科伦坡德瓦拉"蝴蝶公园"，世界昆虫学会有关蝴蝶生态的研讨会常在此召开。日本奈良公园内的千叶植物园，称为"文艺植物园"，搜集出现在诗歌词赋之植物，集中栽培。这类活动对陶冶市民思想情操大有裨益，故很受欢迎。与国外相比，我国公园在类型和文化活动内容上都还比较单调。

（1）传统性公园文化活动

1）过去：游泳、划船、野餐、打秋千、散步、跑步、庙会等。

2）新增加：放风筝、抖空竹、打羽毛球、日光浴、跳绳、踢毽子、捉迷藏、搭帐篷、野餐、踢球、挖野菜、展览、民族节日、植物节、科普、跳舞、唱歌、打拳、远足、讲座、表演等。

随着经济发展，人们物质文化需求也随之增加。当公园环境和服务得到提高的同时，人们越来越喜欢在公园中进行各式各样的活动。这充分体现了人们想要亲近自然、想要与人交往的渴望及需求。面对这一发展变化，如公园恪守成规，一味禁止人们的这些活动，得到的只会是人们的反感。公园应该审时度势，尽快制定出相应管理制度，科学合理地引导人们文明游园、文明活动，以人为本，为人们提供相应的服务、满足人们合理需求，使公园功能丰富化，才是老百姓喜闻乐见的正确之举。

（2）非传统性公园文化活动

有遛狗、骑车、轮滑、滑板、电子玩具车、反社会活动、游行示威、流浪、赌博、吸毒等。

在非传统公园文化活动中，我们可将其分成两类。一类是可考虑发展的文化活动，一类是需制止的文化活动。如遛狗、骑车、轮滑、滑板、电子玩具车等活动，从以人为本角度考虑，是健康的、有利于人类身心发展的活动。但这类活动不具普遍性，很可能给那些不喜欢的人造成困扰、伤害。这就需要在公园中划分出一个特殊区域，并制定出一套相应的管理制度。

（3）大型文化活动：红叶节、桃花节、月季节、庙会等。

特点是规模大，持续时间长，参加人数众多，每年定期举办，社会影响大，具品牌效应。

（4）中型、小型文化活动：主题展览、兰花展、清明节、端午节、仙人掌及多浆植物展、虎文化展等。

特点是规模中等或较小，持续时间较短，参加人员多为爱好者，举办不定期，社会影响相对较小，还未具备或将具备品牌效应。

（5）日常文化活动：如植物园的植物标牌展示、公园的导游服务等。特点是定期，频繁。

（6）临时文化活动：特点是不定期、临时性。如“2010 中日小大使”参观游览北京动物园。此次访京活动由北京市政府外办和日本永旺集团联合发起，考虑到日本大学生对大熊猫的偏爱，特别安排动物园作为承接单位之一。

（7）自办型文化活动：如北京第二届菊花文化节展暨北京植物园

第十八届市花展。展期为一个月，即 2010 年 9 月 24 日至 10 月 24 日。主题为“京华秋韵”。

(8) 承办型文化活动：如市公园管理中心和市园林绿化局联合参加全国第十届菊花展览，北海公园受委托代表北京市进行北京展台的筹展和布展工作。

(9) 合作型文化活动：特点是组织活动的单位为两个以上。如北京植物园开展的生物多样性保护科普展览，利用 100 余块图版、多媒体、展台进行展览展示，组织摄影展，现场体验生态旅游和生物多样性保护。有国家林业局森林公园管理办公室、中国旅游协会旅游城市分会、中国生态学会等相关部门参加。

(10) 春季文化活动：植物园的清明节植物文化展、桃花节等。

(11) 夏季文化活动：植物园的端午节植物文化展等。

(12) 秋季文化活动：植物园的中秋节植物文化展、植物园的重阳节植物文化展、香山红叶节、北京西山卧佛寺银杏节、北京菊花文化节、八大处重阳游山会等。

(13) 冬季文化活动：冰灯展、冰滑梯等。

(14) 节庆文化活动：如植物园的春节兰花展、清明节植物文化展、端午节植物文化展、中秋节植物文化展、重阳节植物文化展等。

节庆活动一般包括：

1) 一个神圣的或世俗的庆典，以特别的仪式为标志。

2) 为纪念某个名人或著名事件，或为庆祝某种重要产品丰收而举行的年度仪式。

3) 为纪念某人的作品、工艺品展览的文化事件。

4) 交易会。

5) 一般性娱乐、舞会。

小贴士

国内外文化活动对比：

国外：国外的节庆文化活动一般与宗教有关系。如圣诞节、复活节、情人节。

国内：国内的节庆文化活动一般与神话传说、历史故事有关，在这些民间传说中，蕴含着的是我们的民族精神。如春节、清明节、端午节、七夕、中秋节、重阳节等等。

从时间上来讲，节庆活动分为两大类：历代传承至今的传统民俗节庆和后来新兴的现代节庆。如春节逛庙会，清明节插柳、戴柳，端午划龙舟、吃粽子，中秋赏月、吃月饼，重阳登高、赏菊等习俗古已有之，至今仍兴盛不衰，是我国传统民俗节庆活动。而像香山红叶节、北京植物园桃花节、哈尔滨冰灯节、上海桂花节、大连槐花节、江苏宜兴陶瓷节、广西民歌节、拉萨藏族服饰节、安徽梨花节、洛阳牡丹节等都是新兴节庆活动的典型代表。

按照节庆活动族属，可将节庆活动分为单一民族的节庆活动和跨民族的节庆活动两种类型。单一民族的节庆项目是一些民族所独有的活动，如藏族特有的沐浴节。而跨民族的节庆项目体现为数个民族共有的活动，如春节，除汉族外，还有二十多个民族都过春节，是我国跨民族数量最多的传统节庆，但具体形式和内容有差异。

按照节庆活动主题分类，有农事类（如高山族的丰年节）、宗教祭祀类（如伊斯兰教的开斋节、盖得尔夜等）、历史事件或人物纪念类（如侗族的林王节）、文化娱乐类（如蒙古族的"那达慕大会"）、庆贺类（如各民族的年节）、商贸类（如纳西族的骡马会）和生活社交类（如朝鲜族的梳头节）等。

1.2 公园文化活动的理论

1.2.1 公园文化活动的基本理论

（1）公园文化活动要以公园本身资源为基础，要有公园本身的优势和特点，切忌毫无根据的移花接木。

（2）对公园的调查和评估是公园文化活动基础。公园开发应该包含公园文化活动开发。若要开发公园文化活动，公园应该具备以下条件：①具备一定文化历史背景；②具备一定场地、活动展示场所和空间；③具备一定经济实力；④具备具体活动项目。

(3) 公园文化活动要紧扣公园形象，其目的是为了强化公园形象和充分展示公园的文化内涵。

(4) 公园文化活动要有市场基础，要符合游客心理需求，要有一定的参与性、趣味性、娱乐性，能使广泛公众参与其间，并从中获得知识与快乐。

(5) 公园文化活动要因势利导，学会借势、借机。公园文化活动需要良好的外部环境和政策扶持，需利用形势，利用良好外部环境，利用政府支持，才能形成政府力量、企业力量、新闻媒体等各方面力量的整合，才能组合好各方面资源，形成"大势所趋"。

1.2.2 公园文化活动的主要理念

公园文化活动提倡和平、共存与和解。文化是促进和平的桥梁，这是公园文化活动要传达的最重要信息。提倡国际社会团结，赞同文化的多元化，反对一元化；提倡信息社会的文化；提倡传统和创新有机结合。公园文化活动要用一系列文化活动继承和发扬古今中外优秀思想、精神，促进人们对古老文明和现代文化的认识，促进人们对自然环境与城市生活的关注，增进人们之间互相尊重和了解。公园文化活动把园林、文化和教育结合起来，表达对和平、平等、民主、人道主义、文化多样性和继承与创新的态度。最终使公园文化活动理念深入人心，永远传承下去。以往公园文化活动是补充和附属性的，如今，公园文化活动引导公园事业进入注重通过文化手段发展人类关系的新时代，为公园增加了新价值观念。

1.2.3 公园文化活动的原则

(1) 公园导向原则：公园文化活动必须根据游人需求，如活动时间、活动地点、活动目的。特别是在公园经济效益疲软状况下，更应坚持这一原则。在举办新的公园文化活动前，必须认真分析和调查公园现状，了解和掌握游客的需求和心理，爱好和禁忌。

（2）特色原则：包括中国特色、异域特色、公园特色、民族特色、地方特色等。公园文化活动特色越鲜明，越能吸引更多游客前来游园。而特色的源泉在于文化。

（3）美学原则：追求美是人们的天性，组织公园文化活动本身就是一种追求享乐和美好的体验。完美的活动可增强游客这种体验，给游客以美好回忆。

（4）就地原则：以公园自身的自然资源、名胜古迹、历史人物为依托，利用公园特有资源进行开发，突出公园特色，形成品牌优势。

（5）时尚原则：时尚并非抛弃传统。在保持传统特色的基础上，吸收时尚元素，丰富公园文化活动内容，提高活动质量，增加活动情趣，吸引更多的游客参与其中。

（6）系列化原则：公园文化活动要形成一定的系列，这样才可满足不同消费档次、消费偏好、不同游园时间的游客需求。

1.3　公园文化活动的现状及展望

1.3.1　公园文化活动的发展

（1）影响公园文化活动发展的主要因素

公园文化活动的发展受很多因素制约，经济因素是公园文化活动建设先决条件。国民经济发展水平高时，公园文化活动建设就上得快些、好些；反之，则慢些、差些。其次是政治因素。社会安定、政治昌明、路线正确、政策对头，有利于公园文化活动建设发展；反之则不利，甚至破坏。公园文化活动发展与人的社会活动密切相关，如领导水平、文化发展、生活要求等。影响公园文化活动发展因素是多方面的，除上述经济、政治和社会三大主要因素外，还可有园林科技进步、公园文化活动工作者主观能动性、公园文化活动管理水平等次要因素。所有这些因素，是综合地起作用的。正确认识这些因素及其影响，对指导和促进公园文化活动事业发展，有深刻现实意义和深远历史意义。

（2）公园文化活动的发展状况

公园文化活动发展经历了三个时代：孕育时代、诞生时代、繁荣时代。公园文化活动数量由少到多，规模由小到大。内容从单一到多样化，如已从以前单纯的杂耍表演演变到现在的多元化活动。参与方式从旁观欣赏向参与发展。组织层次从初级向高级发展，开始专门设立大型活动管理部门，负责大型活动的策划、组织、宣传和发展。公园文化活动已成为公园发展的一个重要组成部分。公园文化活动管理正脱颖而出，公园人运用现代化手段促进公园文化活动走向成熟。随着公园文化活动数量不断扩大，为活动提供服务的工作人员及志愿者不断涌现。

1.3.2 公园文化活动的现状

随着人民物质文化水平提高，公园文化活动如雨后春笋般层出不穷。公园面临的问题是：如何利用好这些文化活动做好文章？如何大力宣传扩大其影响？如何组织好游园客源，增加公园的收入？如何使这些活动不流于形式？

目前公园文化活动问题主要表现在，无论是规模、影响力、知名度，都无法和国际上知名的能代表整个国家或城市文化形象的大型文化活动相比，有待进一步发展和提高。公园文化活动一是规模小，缺乏大众参与性，因此影响小；二是对传统文化代表性差，文化内涵低，对外界吸引力较小。特色公园文化活动较少。对于公园文化活动参与者来说，活动主题是否具有特色是产生吸引力的根本所在，文化内涵尚有待挖掘。近年来，公园文化活动轰动效应不大的根源是这些活动缺乏居民积极参与。这与宣传不到位，宣传力度不够，宣传形式单一，有直接关系。一些公园文化活动受体制局限，市场作用尚未发挥，活动绩效不显著。大型公园文化活动，必须依托大型民间社会团体，在时间上要与国家规定节假日相吻合。在文化内涵上必须植根于老百姓民俗，要娱乐、饮食、购物相结合，要让老百姓在第一时间知道公园文化活动的时间、地点、主题、内容、形式。搞好公园文化活动，对民俗文化肯定有积极作用。公园文化活动应是大有可为的。关键是要打造具有轰动效应的大型文化活动。这需要决策者的魄力及勇气。

1.3.3 公园文化活动的特点

公园文化活动内涵深邃，内容丰富，形式多样，风格独特，具一定公益性，有较强文化性、艺术性、思想性、教育性及全民参与性。

（1）内容与题材上，把握时代性、凸显文化性、强调国际性，突出各民族的文化内涵，充分凸显公园作为公共园林的独特地位，广泛邀请各国、各地区文化团体参加，显示世界文化的多样性与共存性。格调上以欢快轻松祥和为主。如北京公园节紧紧抓住北京建设世界城市的有利契机，紧紧抓住了北京公园特点与特色，针对北京建设世界城市新形势，开展了一系列调查研究工作，紧密结合"服务和保障民生、公共服务均等化、城乡发展一体化以及转变发展方式"等政府关注的主要问题，积极主动与形式对接、与国际对话，突破地域局限、突破国界限制，邀请 20 多位国际专家出席，迈开了通过办节活动使公园文化与时代接轨并走向世界的步伐。使公园在城市文化发展中的作用得到进一步显现。办节效果得到社会各界高度评价。

（2）地点以广场、场馆、展厅、温室为主，对象主要是爱好者、普通游客，活动可渲染节日气氛，增加市民、游人的参与感。

（3）组织工作上，一是及时制定计划，保证足够的准备时间；二是充分调动公园职工积极性；三是强化统筹性；四是注重群众性；五是扩大影响力。如北京公园节统筹设计了文化节序曲、高潮和尾声，注意点面结合，形成了以群众性的体育休闲活动为铺垫、以上海启动仪式和颐和园开幕式为高潮、以"北京公园"展览展陈等活动为穿插、以香山红叶节等公园专题文化活动为延续的文化节活动序列。北京公园节紧紧抓住公园的公益特性，创造条件让尽可能多的市民游人参与进来，形成互动，增进文化节活力和生命力。北京公园节始终注重加强宣传和气氛烘托，扩大了北京公园节活动知名度。

(4) 充分发挥国内外媒体的宣传配合作用，精心策划宣传战略，及时通知报刊杂志和广播电视及网络等媒体，形成全方位、立体宣传效果。组织者可通过户外广告、公园网站、旅游者信息亭将文化活动的日程安排发放给媒体、游客。如北京公园节，呈现了头版和标题新闻多、主流媒体报道多、大篇幅报道多、深度报道多、图片新闻多、网络报道多等“六多”特点，形成了预热报道、持续报道、跟踪报道和总结报道的立体式宣传。接待媒体来访100余批次，有30多家媒体对文化节情况进行了专题报道，新闻总条目超过10万条。同时编发了《京华名园记》手册，各公园还利用LED显示屏循环播放“世界城市的亮丽名片——北京”专题片，还利用公园广播、宣传横幅对文化节进行密集宣传。

(5) 鼓励赞助商组织文化活动，丰富公园文化活动内容。如车展，画展，摄影展，压花展，汉服展，上演各种小型文化节目，在公园中举办奥运文化植物展览和活动等。

公园文化活动的基本经验：

一是主动适应形势。始终围绕党和政府的中心工作找准工作定位，不断满足广大市民游人新需求、新接待。不论做好任何一项大型活动，都要围绕党和政府的工作重点、上级领导的兴奋点和广大市民游客关心的热点来确定工作的着力点，这样才能收到各方支援、借力发展、皆大欢喜、事半功倍的效果。

二是充分发挥优势。公园文化活动应凸显文化特色，突出活动主题。在文化活动前，开展系列调查研究工作，认真分析公园事业发展面临的新形势、新任务，特别在“公园是历史、公园是文化、公园是百姓的幸福指数”等命题层面进一步统一了思想认识。进而提高了“城市建设公园化，大地景观园林化”对建设世界城市重要作用的认识，而这种认识程度的提高，必将提升政府和社会对公园事业的进一步重视和支持。

三是善于借力造势。公园文化活动应充分发挥园林文化交流的优势，打破区域界限，走出国门，开阔眼界，加强国际间的交往与交流，努力在国际范围和行业内扩大公园的影响力。在加强与国内园林同行业交流学习、共同提高的同时，不断加强国际友好园林的缔结工作，加大交流学习力度，培养高端人才。借力提升园林行业在国际活动中的话语权。

四是注重惠民成势。公园文化活动应该普惠市民游人，以提高活动的参与性和互动性。广大市民和游人是公园的主人，是公园文化活动的主要支持者和受益者。我们在活动设计时，应该广泛吸取他们的意见，使游人也成为活动的设计者和参与者，极大地调动群众的积极性，使以人为本原则在公园文化活动中得到充分体现。

五是精益求精做事。公园文化活动应该努力争取最佳效果。集思广益、反复论证，各个环节力求严谨细致、精益求精。

北京公园节活动总体非常成功，成效显著。但在进行过程中也存在一些不足，如不同承办单位之间有时缺少协调与沟通，导致有的经验、资源共享较为困难；有的活动因经费未能完全落实而影响规模与质量；文化活动过分泛滥、过分商业化等等。

1.3.4 公园文化活动的趋势

社会生产力发展和劳动生产率提高，全面促进了人们生活水平改善。物质生活丰富和可供支配收入提高，在带来社会物质消费层次和消费结构变化的同时，使人们在满足了物质生存需要之后开始追求精神发展和文化自我完善。

公园文化活动将更受人们欢迎，将更为综合性和多样化，将更为品牌化和专业化，宣传力度将更为加强。赞助商和志愿者将成为公园文化活动取得成功的重要因素。

近年来，随着经济发展、社会进步，公园文化活动出现了很多新亮点、新气象，出现了很多非营利性活动的身影。如北京公园节，是首都公园文化活动的一个重要品牌，是北京公园绿地协会长期参与主办的一项市级文化活动，是北京公园文化走向世界的一次有益尝试。如书市这一传统活动被更名为读书节。此外还有公园组织的节庆活动等。

未来，随着人们对物质文明及精神文明的渴求，公园文化活动发展前景将更为广阔，将向系列化、参与化、市场化、专业化方向发展。面对机遇与发展，我们要进一步挖掘公园的文化内涵，抓住公园在城市中不可替代的作用，从促进世界城市的文化建设、景观建设、服务建设和创新管理模式等方面，深入研究，深化内涵。努力把公园建设成中华文化的传承者、传递者和传播者，进而助推世界城市建设。我们要进一步扩大国际交流与交往，将与国际组织、国外园林和公园行业的交流变为常态化，定期交流与会晤，多领域、多层次的全方位交流与合作。我们还要进一步挖掘整合资源，积累大型国际交流活动的组织经验。重点在文化资源、人才资源、组织资源、物质资源等方面进一步挖掘整合，提高国际化大型文化活动的组织水平。

公园文化活动将成为人们日常生活中的普遍需要，将涌现出更多品牌化公园文化活动。这些活动必将在包装上与非营利性活动紧密结合在一起。同时，公园文化活动也必将与各种经济活动结合得越来越紧密。公园将借助文化的独特魅力，借助举办公园文化活动，提高公众对公园的认识，公园文化活动将会逐渐与世界接轨，直接服务于世界城市建设，越来越国际化。

第 2 章　公园文化活动的策划

一部电影的灵魂是导演，一项公园文化活动的核心是策划。公园文化活动类型多种，从参与人数可以分为大型活动和小型活动；从题材上可分为文化类、艺术类、知识类等；从形式上可分为图版展示、互动活动、多媒体展示等。无论怎样的文化活动，想要成功地开展，在策划上遵循的原则径向一致。而成功的公园文化活动策划是文化与市场、创意与流程、技术与艺术的完美结合，本质上取决于策划者对本公园文化内涵及社会文化流行趋势的深入了解，方法上有赖于全面的背景资料收集、科学的分析方法及系统的策划流程。

2.1　公园文化活动策划的概念、原则和作用

2.1.1　公园文化活动策划的概述

（1）策划的概念

据记载，策划一词外文资料中最早出现在 20 世纪 50 年代中期，1955 年爱德华 · 博纳斯《策划同意》一书。在我国则最早记载于《后汉书 · 隗嚣传》中：“是以功名终申，策画复得”。其中“画”与“划”相通互代，“策画”即“策划”，意思是计划、打算。

从英文词源来看，策划一词发源于战略中的计划“strategy”，以后又演变为“strategy”和“plan”的结合，也有人将其翻译为“企划”，与策划概念相同。从中文辞源看，“策”同“册”，最早是指古代书写的一种文字载体，古代用竹片或木片记事著书，成编的叫作“策”。

以后又发展为应考者参加科举考试的一种文体，今天已演变为“计谋、策略”；“划”，亦作“画”，也是“计算、打算”之意。

目前，策划一词被广泛使用，已成为人们每天都要接触的流行词。当前对策划一词的解释，可谓莫衷一是，众说纷纭，尚无权威性定论。本书中选择一种概括较为全面的解释：策划就是策略、谋划，是为达到一定目标，在调查、分析有关材料的基础上，遵循一定的程序，对未来某项工作或事件事先进行系统的、全面的构思、谋划，制订和选择合理可行的执行方案，并根据目标要求和环境变化对方案进行修改、调整的一种创造性的社会活动过程。

(2) 公园文化活动策划概念

公园文化活动策划，是指公园文化活动开始的最初阶段就要进行的属于活动策划的一种，其主要任务是应用科学的策划方法，对公园文化活动这一特定主题进行分析、创意、设计与整合，以形成周密详尽的实施方案，最终保证活动取得预期的社会效益、文化效益与经济效益。

从内容上看，完整的公园文化活动策划应包括战略策划和战术策划两方面内容。战略策划着眼于文化活动长期品牌的建设与维护，探索公园文化资源、社会资源与景观资源长期有效配置的方法，具有很强的宏观性；战术策划着眼于行之有效的具体活动方案，解答“做什么，怎么做，谁来做，何时何地做”等具体问题，具有很强的可操作性。

从过程上看，公园文化活动策划是一项综合运用知识、信息与智慧进行的科学程序。它既需要周密严谨的理性思维，进行分析、判断与预测；又需要灵活多变、富有创意的感性思维，进行想像、创造与重新组合；更需要遵循科学的策划流程和创意方法，发挥所有策划参与者的智慧，有条不紊地完成一个个具体策划目标。

2.1.2 公园文化活动策划的原则

成功的公园文化活动策划，既要从实际出发，又要尽可能打破现有模式；既要有创造性的思路，又要有可操作的办法。具体说来，它应符合以下四项基本原则：

（1）导向性原则

导向性原则是公园文化活动策划中应首先考虑的问题。一个好的活动会产生正确的舆论导向和良好的传播效果，达到公园、游客、媒体、相关主管部门甚至周边社区单位多方共赢的局面。

导向性原则可进一步细分为政策导向、民众心理导向、社会发展趋势导向三方面。政策导向指活动形式、内容及宣传应符合政府相关规定，并与政策提倡的主流价值观相吻合，如 2008 北京市奥运会举办前夕各公园举办的迎奥运主题活动。民众心理导向是指一定时期百姓的共同价值观、心理、情绪、风俗习惯及消费习惯等，符合民众心理导向的公园文化活动自然会受到百姓的欢迎，如历年春节期间各公园举办的迎春庙会活动。社会发展趋势导向指符合社会发展大潮流、大趋势的“普遍规律”，如低碳环保、公益志愿者、绿色植树等主题公园文化活动，也往往成为民众、政府及媒体关注的焦点。

（2）品牌性原则

成功的公园文化活动会成为公园具有标志性的经营品牌，像一面旗帜般具有某种代表性的功能。文化活动的策划，需要因地制宜，根据公园所处的环境条件，通过不断的积累，营造良好的信誉和形象，最终形成品牌活动。如提到北京香山公园，人们自然会联想到每年 10～11 月举办的红叶节；说起北京植物园，人们也会想起每年 4～5 月举办的桃花节。成功的公园文化活动策划，必须包括完整、细致的品牌经营策略。

（3）创意性原则

创意性是公园文化活动策划的关键。一项有创意的公园文化活动，可以提起公众兴趣，吸引大众眼球，并在一段时间、一定区域范围内保持相对唯一性，从而产生独一无二的吸引力、传播力，最终汇聚成强大的社会影响力。如 2010 年 9 月份由环境保护部自然生态保护司、国家林业局国家森林公园管理办公室、中国生态学学会、中国旅游协会旅游城市分会等几家单位联合主办，北京植物园承办的“中国生态旅游和生物多样性科普展大型公益活动”，在主题上抓住公众关注焦点“生态、生物多样性”；区域上选择在北京、上海、厦门、重庆、杭州5个大型城市；形式上则以采用给人视觉冲击的生态旅游照片展示为主，不同年龄段可参与的多项互动活动为辅。此项活动可以说是在创意的基础上，抓住亮点，吸引大众眼球。

（4）可行性原则

可行性原则是指策划是否具有可操作性，能否按计划一步步有效进行实施。

衡量公园文化活动策划是否符合可行性原则主要有三项标准。一是环境是否允许，这里的环境既包括活动地点、天气等自然环境，也包括法律法规、政府政策、社会风气等社会环境；二是现有资源能否支撑活动目标实现，如人力、物力、财力等；三是投入与产出之比是否在可接受范围之内。

2.1.3 公园文化活动策划的作用

公园文化活动的策划，是公园文化活动运作的核心环节，既是组织者实施工作的导航标，又是参与者的指南针。在整个活动过程中重要作用总结归纳为以下几点：

（1）指导作用

策划是一种理性的思维，是策划者为了实现主题目标，经过科学系统的分析之后而形成的。一项活动如何开展，运用什么策略，怎样达到预定的目标等，只有经过系统全面的策划之后，实施者才能在整个活动过程中以策划案为准则，按照策划案中的指导，逐一完成活动中的各项工作，才不致陷于盲目行动中。公园文化活动的策划亦是指导决策者和实施者可以理智化、程序化和科学化完成文化活动一本教科书。

（2）监控作用

每一项活动的设计工作人员少到1人多则成百上千，在活动开展的过程中决策层人员所占比例则为少数，面面俱到的实地指导则是下下之策。在活动过程中，视情况而做出调整，无可非议，但原则和基础依然要依靠一份科学、系统的策划案。策划案在整个活动实施过程中对实施者起到严格监控作用，只有按照策划所提方案进行工作，才可以确保活动的顺利进行。

（3）规范运作作用

一项活动的策划者在进行策划之前，运用科学的策划运作程序对项目进行构思和设计，为活动的顺利开展提供智谋，使项目可以切合实际地、科学地、严谨地规范运作。

（4）效果控制作用

活动策划时，策划者会设定一个活动预期效果目标，整个策划按照目标，设定完成程序，实施者在执行过程中则可以按照策划案中清晰的要求开展工作。文化活动的策划不但可以对活动完成效果进行控制，亦是一种对本身可行性及合理性的一种检验。

2.2　公园文化活动策划的调研、创意和流程

公园文化活动调研、创意与流程形成三个阶段，既要有大胆的想像，创新的思维，又要有冷静的分析，精确的表达；既要能激发全体策划人员的灵感，集思广益、充分讨论；又要由组织者牢牢把握策划的步骤和程序，按部就班地完成所有重要的工作目标。

2.2.1　公园文化活动策划调研

公园文化活动策划调研是策划工作的重要基础，具有很强的目标性。

（1）背景资料调研

公园文化活动相关背景资料分布往往较为零散，除本公园自有文件、档案外，大多散布于各类地方志、活动年鉴及报刊杂志之中，给资料收集与调研工作带来一定的难度。若想进行深入透彻的公园文化活动背景资料收集，不仅要熟练掌握各大公共图书馆相关工具书的检

索、查阅方法，沉在图书馆反复比对、深入核实不同来源的资料；更要充分利用现代互联网信息技术，通过搜索引擎、媒体门户网站及各大数字化信息库检索、下载相关资料。

（2）调研方法及分析

调研是一项知识化、系统化的工作，其效果取决于科学的调研策略、充分的背景资料来源及清晰的分析思路。一般说来，一份完整的公园文化活动资料收集应包括纵向、横向、消费者意见三个维度的调查分析工作。

1）纵向深入整理公园自身特色文化资源，分析公园历年文化活动情况。每个公园都有自己相对独特的资源与文化，越是能够充分整合、利用这些资源与文化，公园文化活动对公众便越有吸引力，越容易形成强有力的品牌。深挖公园自身特色文化资源不仅是资料准备与调研工作的第一步，也是整个公园文化活动策划的基础。

2）横向广泛搜集国内外同类型文化活动资料。"他山之石，可以攻玉"，公园文化活动策划前有针对性地对比、分析其他公园同类型文化活动优缺点，既能保证本公园文化活动策划不重复以往的形式和主题，又能获得许多有价值的经验和思路，从而做到"人无我有，人有我好，人后我先，人旧我新"。

3）调查、分析游客意见和建议。在游客资源与调查分析中，既不能想当然——以自己既有的思路强迫游人认同；又不能一味迎合——盲目遵从游客的见解。对游客资源调查结果应进行科学的分析和归纳，提炼出具有共同性、代表性的问题重点分析，作为今后策划工作中重点考虑的问题。

调研及资料整理工作小贴士

● **建立永久性信息库** 文化活动是公园具有传统性、周期性的特色经营活动。整理历年策划分析资料，与活动总结及游客反馈一起汇编成永久性信息库，对今后活动的开展大有裨益。

● **注意媒体报道的真实性**　主流新闻媒体对公园文化活动的报道基本上都是正面的、表扬性的，在阅读、整理相关资料时，应多思考、多比较，避免偏听偏信。例如，看到一篇“某公园举行夜间游园会大获成功”的报道，不应盲目认同，而是应进一步检索其以后几年的活动情况，如果真是一个好项目，则此后必然年年都有相关报道，而如果第二年便销声匿迹，则第一篇报道中必然忽视了某些关键性的问题。

● **灵活运用调查结果**　归纳调查结果时，有人只是简单地将其归纳成一篇相对完整独立的调查报告，虽洋洋洒洒数万言，但实际应用的不多。有人则将各项目调查结果灵活穿插于活动策划的各个方面，或引证、或旁证、或辅助描述，大大强化了策划结果的说服力。资料准备与调查工作不能为了调查而调查，应灵活运用调查结果，将所获得的背景信息和数据应用到策划的每一个环节中去。

2.2.2　公园文化活动策划创意

(1) 创意阶段完成的目标

● 明确活动主题——提炼与归纳公园文化活动主题。

● 活动创意亮点形成——归纳活动内容亮点，设计活动形式亮点。

1) 公园文化活动主题的确定

主题，是公园文化活动目标与价值的集中归纳和表达，是贯穿整个策划活动的主线。在创意与讨论过程中，人人都要有明确的“主题意识”，积极构思、完善公园文化的主题；创意与讨论工作结束后，应将一份清晰、生动、完整的主题规划交到相关负责人的手中。一般说来，优秀的文化活动主题应具备以下三方面特征：

①符合当前社会文化热点。公园文化活动主题应紧扣社会发展趋势，捕捉社会热点，体现广大百姓生活中关注的热点问题。如 2005 年北京市陶然亭公园春季游园活动主题：“春回陶然亭，健康快走游名亭”，在传统春季游园活动中突出当前热门的“健身”、“快走”主题，新颖、时尚且符合当前社会热点。

②突出公园特色文化内涵。公园文化活动主题应彰显公园特色文化，以巧妙的语言将公园品牌和标志嵌入到主题的表述之中。如紫竹院公园第十五届竹文化节主题“五洲欢歌‘竹’福奥运”，巧妙利用谐音将“竹”字加入到标题正中间，以致很多报纸直接将其作为新闻标题刊发，起到了很好的宣传效果。

③充满个性与创新精神。公园文化活动主题要避免枯燥与乏味，一项新颖、友好且激动人心的主题是公园文化活动实现差异化的最佳途径，也是其竞争力构成的重要元素。如北京植物园2010年向日葵科普展主题：“火焰、热情与生命——向日葵科学与文化展”，成功借鉴了近年来艺术展、文化展富于感染力的标题形式，取得了很好的传播效果。

四年一届的世界博览会是全世界最高水平的文化活动，自1933年芝加哥世博会明确提出“进步的世纪”活动主题开始，每届世博会都会精心策划并推出一个独具特色的活动主题，这些活动主题策划的经典案例，对公园文化活动策划具有重要的启示意义。

2）公园文化活动主题策划的重要性

如果说公园文化活动的核心是策划，那么一个活动的主题则是策划的中心。活动成功与否的关键不是看内容是否丰富多彩，而是看活动是否突出了主题。响亮的主题名称如同一个具有感召力的口号，不但对活动的内容具有涵盖性，对活动的宣传同样具有感染力。主题的好坏直接决定活动的生命。如果要生命存在，鲜活的、有价值的存在，在活动主题策划上就要讲究方式方法，注意要点。以下为活动主题策划应注意要点：

- **主题的先进性** 一个有吸引力的主题应该具有时代的先进性，策划是关键，策划的亮点则是主题，一个好的主题，即明亮的活动口号，则是一次成功活动的标志。
- **主题的广泛性** 在确定展览主题之前，一定要充分调研，主题必须具有研究、生产、销售、应用的广泛性。
- **主题的可持续发展性** 一个展览主题不能仅仅只办一两届就无

法办下去。只有办的次数多了，影响力才会大，展览才有可能办成精品展，品牌展、为以后打下坚实的基础。

- **主题的区位集散性**　展览的目的是搭建技术、产品与服务的交易、交流平台。具有技术与产品集散中心地位的城市，应该选择其具有流通区位优势的主题组织展览。
- **主题的综合服务**　选择展题能否成功，还要看其综合服务效应。展题的太专一，不便于招展和组织观众。展览的综合服务性则是强调展题具有多种功能，可以满足有不同层次需求的观众。如各种综合类型的博览会、交易会等，可以将各种类型的厂商都招进来，扩大规模和影响力。

世博会主题

世界博览会是由一个国家的政府主办，有多个国家和国际组织参与，以展现人类在社会、经济、文化和科技领域取得成就的国际性大型展览会。它不同于一般意义上的贸易博览会，它是世界各国展示和交流各自发展经验、解决面临问题的国际盛会，有经济、科技和文化领域中的“奥林匹克盛会”之称。其特点是举办时间长、展出规模大、参展国家多、影响深远。已先后成功举办 40 届。

按照国际展览局的最新规定，世界博览会按性质、规模、展期分为两种：一种是注册类（以前称综合性）世博会，展期通常为 6 个月，每 5 年举办一次；另一类是认可类（以前称专业性）世博会，展期通常为 3 个月，在两届注册类世博会之间举办一次。

世博会活动主题列表　　表 2.2–1

时间（年）	国家 / 城市	主　题
1933	美国 芝加哥	一个世纪的进步
1935	比利时 布鲁塞尔	通过竞争获取和平
1937	法国 巴黎	现代世界的艺术和技术
1939~1940	美国 纽约	明天新世界
1958	比利时 布鲁塞尔	科学、文明和人性
1962	美国 西雅图	太空时代的人类

续表

时间（年）	国家 / 城市	主　题
1964	美国 纽约	通过理解走向和平
1967	加拿大 蒙特利尔	人类与世界
1970	美国 圣安东尼奥	人类的进步与和谐
1974	日本 大阪	无污染的进步
1975	美国 斯波坎	海洋——充满希望的未来
1982	日本 冲绳	能源——世界的原动力
1984	美国 诺克斯维尔	河流的世界——水乃生命之源
1985	美国 新奥尔良	居住与环境——人类家居科技
1986	日本 筑波	交通与运输
1988	加拿大 温哥华	科技时代的休闲生活
1990	澳大利亚 布里斯班	花与绿——人类与自然
1992	西班牙 塞维利亚	发现的时代
1992	意大利 热那亚	哥伦布——船舶与海洋
1993	韩国 大田	新的起飞之路中的挑战
1998	葡萄牙 里斯本	海洋——未来的财富
1999	中国 昆明	人与自然——迈向21世纪
2000	德国 汉诺威	人类—自然—科技—发展
2005	日本 爱知县	超越发展：大自然智慧的发现
2010	中国 上海	城市，让生活更美好

（2）公园文化活动创意分析

令人拍案叫绝的创意，绝不可能凭空臆想而来。它们生成的基础，必定是全面扎实的资料准备和调研工作，唯有在策划前经历一番“众里寻他千百度”般的调查收集，方能在策划中达到“蓦然回首，那人却在灯火阑珊处”般的豁然通达。

内容与形式是公园文化活动实现其目标与价值的核心，两者之间具有相互依托、相互配合的辩证关系。再好的内容，没有好的活动表现形式，也无法抓住游客的眼球，达到预期的效果；同样，再炫目的活动表演，没有扎实的核心内容与清晰的文化线索，也很难被游客所认同。创意阶段的主要目标之一，就是要带领策划团队集思广益，寻找公园独具特色的文化元素、文化细节，以全新的活动视角将其贯穿起来，形成公园文化活动独具特色的文化生命力。

概括地说，成功的公园文化活动应具有生动、立体而鲜活的创意思想，而近年来多项文化活动实践表明，多样性与参与性是现代公园文化活动创意最突出的两大发展趋势。

多样性是指在明确的活动主题下，应尽量设置一系列协调互补的多样化活动，既可吸引各种不同兴趣的游人参与，最大限度地提升公园文化活动的吸引力，又能使文化活动主题更加饱满，内容更加丰富。

参与性是指公园文化活动应尽量拉近与游人的距离，通过设置各种参与性强的活动形式，努力实现公园与游人的互动，既能够强化公园文化活动的社会效益和经济效益，又能够及时收集意见、信息，作为将来持续改进文化活动项目的依据。

一般说来，公园文化活动形式主要可分为以下九大类，活动组织策划者可根据具体活动主题和内容，灵活选择与组合。

公园文化活动形式重要类别表　　表 2.2–2

活动类别	活动主要形式	活动举例
1. 审美类活动	专类植物展，主题游园会，摄影比赛，书画展，雕塑展，现代艺术展览等	如北京植物园桃花节，紫竹院公园“竹（荷）文化节”，香山公园红叶节等
2. 知识类活动	科普讲座，儿童夏令营，知识展览，专题讲座，有奖竞猜，祭祀表演，猜谜活动，有奖征文等	如北京植物园科普夏令营，北京动物园鸟鸣录音大赛等
3. 情趣类活动	盆景奇石展，航模表演，文物收藏展示，各种手工艺品制作，公园主题诗会、笔会等	如景山公园牡丹书法绘画笔会，北京市植物园世界盆景奇石文化展等
4. 娱乐类活动	春节庙会，节日主题游园会，文艺表演，曲艺专场，现代音乐节等	如龙潭湖公园春节庙会，中山公园“六一”游园会等
5. 健身健美类活动	健身表演，健康咨询，趣味体育比赛，群众文体汇演，夏季水上文化活动，冬季冰上文化娱乐活动等	如香山公园“健康老人百日登山活动”，颐和园“国际友好人士环昆明湖长跑活动”等
6. 广场艺术类活动	花车游行，广场灯会，文化广场活动，专题晚会等	如莲花池公园消夏文化广场，中山公园周末消夏晚会等

续表

活动类别	活动主要形式	活动举例
7. 经营销售类	书市，花卉销售，农副业产品销售，餐饮销售等	如北京地坛公园书市，双秀公园春冬季赏花购物游园会等
8. 社会交友类	相亲会，联谊会，海峡两岸交流会，学术会议等	如中山公园相亲联谊会，植物园年会等
9. 公益捐助类	义务植树，主题捐助，慈善晚会，爱鸟护鸟，动物放生等	如香山公园"爱在香山"暑期系列活动，北京植物园 IBM 公司义务植树活动等

（3）创意的科学方法

创意与创新能力人人都有，只是表现形式和水平各不相同。如何利用科学的创意方法，激发与保持策划团队全体成员的创意能力，是每一次公园文化活动策划成败的关键。据不完全统计，国内外管理学、策划学相关书籍中，已记载各类科学创意方法 100 余种，其中，在公园文化活动策划应用最广的有以下三种。

头脑风暴法 指引导策划参与者自由奔放、打破常规创造性地思考问题。头脑风暴法提倡随便思考、自由畅谈、任意想像、尽情发挥，鼓励参与者从多角度甚至反常的角度考虑问题。与会者要相互激励、相互启迪，尽量开拓各自的思路。实施头脑风暴法应遵循四条规则：①不相互指责；②鼓励自由提出想法；③提出方案越多越好；④欢迎完善别人提出的方案。科学验证表明，采用头脑风暴法提出的方案比同等数量参与者单独提出方案效果大 65% ~ 93%。

追本溯源法 从需要达到的最终目标出发，针对目标的内涵、外延、实现方法等提出一系列有针对性的问题，逐个加以讨论，直到产生令人满意的创意和创新。例如，从公园文化活动的本质意义、核心价值出发，创意策划团队可按照以下思路进行讨论：公园文化活动的本质上是一种文化性、精神性与心灵性的活动，我们的活动策划中，"文化性"需要靠哪些内容支撑？哪些形式表现？"精神性"需要重点突出怎样的精神？用哪些活动强调？"心灵性"如何真正获得游客的共鸣？以哪个具体触发点引起这一共鸣……公园文化活动价值最终应体现于教育意义、精神熏陶、心灵感动、品格提升四大方面，那么我们的活动是否已具备四大方面的价值？哪方面有所欠缺？哪方面价值是我们此次活动最应该强化的？强化的手段有哪些……采用追本溯源法思考，不一定能迸发出令人拍案叫绝的“金点子”，但肯定能形成一套扎实、全面而不失精彩的策划方案。

改变角度法　公园文化活动策划者绝大多数是本公园的管理者、工作人员，其对公园文化活动的感受方式和思维方法相对固定。如在创意、创新中抛弃原有视角，分别尝试从一个普通本地游客，外地游客或者外国游客甚至儿童游客的角度出发，进行公园文化活动的策划，改变原有的思考角度，会激发出新颖而更加人性化的灵感和创意。

创意与讨论工作小贴士

- **不要过多纠缠于细节**　创意策划过程中常常陷入细节过多的误区，预设过多看似精致与漂亮的细节，反倒使主体活动模糊不清，使创意策划讨论偏离主题。
- **不可操之过急**　公园文化活动品牌的建立，需要很长时间的积累。尽管我们在创意过程中要力求新颖、独特，争取“一炮打红”，但绝不可操之过急，更不能为了一时的快速崛起，而使用各种恶意炒作的手段。迪士尼主题乐园、环球嘉年华等老牌文化活动的成功经验表明，只有持之以恒地坚持自身独特的文化内涵和活动理念，才能成为历久弥新的经典。
- **从古典诗词中汲取营养**　我国古典诗词意蕴深沉、用语凝练，寥寥数语便可传达出丰富的信息和文化意蕴。在公园文化主题的拟定和表达过程中，适当借鉴和引用相关诗词名句，往往有意想不到的效果。如天坛公园“‘端阳约瘦客’主题月季展”，仅用五个字便说出了活动的时间与主题，且极富文学色彩和感染力。
- **随时记录**　策划过程中提到的灵感、方法，关键的日期、时间等等信息一定要随手记录，以备将来进一步求证、落实。

2.2.3 公园文化活动策划流程

(1) 公园文化活动的流程制定

创意与策划，往往是公园文化活动中最难操作，也最无规律可循的环节。“策划前没准备，策划中没有效率，策划后没效果”是很多活动策划的通病，其根源在于缺乏科学的创意方法及有效的策划流程。国内外众多成功案例经验表明，一套完整、科学的公园文化活动策划流程应包括“资料准备与调研”、“创意与讨论”、“活动统筹”及“工作面组织”四大关键环节。按照“夯实基础”→“激发创意点”→“串联流程线”→“组织工作面”的逻辑顺序步步推进。

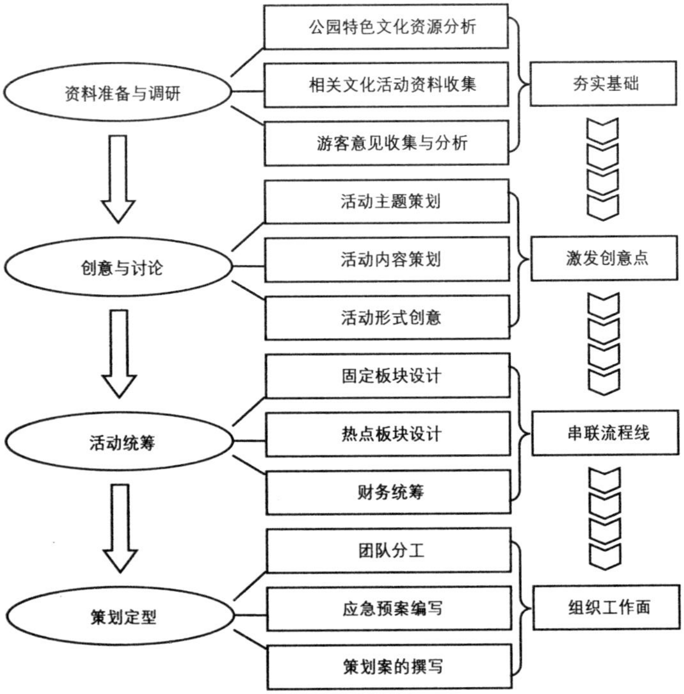

图 2.2-1 公园文化活动策划流程图

（2）公园文化活动流程的控制

把握时间是成功实施公园文化活动策划流程的关键，任何一个环节的拖沓都可能造成不利的多米诺骨牌效应，造成策划工作的拖沓和延误。在开始策划活动之前，制定一份“策划流程控制表”对掌控策划总体流程很有帮助。

2.3　公园文化活动策划的统筹、设计和方案确定

围绕公园文化活动主题，将前一阶段讨论中产生的创意点聚合成完整、清晰且具有可操作性的活动序列，便是统筹阶段需要完成的主要工作。具体说来，就是要构思公园文化活动的整体结构，以内容序列和时间序列两条主线把所有“散”的内容“收”成一个具有逻辑关系的整体。一般情况下，统筹阶段包含以下三项主要工作目标。

2.3.1　公园文化活动策划的统筹

（1）统筹阶段的主要工作目标

- 固定活动板块设计——筹划公园文化活动的核心板块。
- 时间序列统筹——设计公园当前热点活动板块。
- 财务统筹——开列本次公园文化活动全部开支项目列表，完成初步成本预算及盈亏平衡点的计算。

（2）财务统筹

财务统筹是未来精确财务测算的基础，也是进行详细活动安排的依据。财务统筹的三项主要任务为确定全部开支项目列表、计算初步成本预算及盈亏平衡点。

全部开支项目列表是文化活动财务统筹的第一步。策划人员应制作一份尽量详细的开支项目清单，开列所有可能发生的开支项目，作为今后财务统筹及精确成本测算的总纲。该列表可暂不统计费用，具体开支项目应及时根据项目策划情况增减。一般情况下，公园文化活动开支项目列表应包括以下主要项目：

● 布展费用：舞台布置、视听设备、灯光、特殊效果、摆花、装饰、音乐、展品制作及购买等。

● 宣传费用：邀请函、发布会、广告费、宣传材料、公关费用、礼品费用等。

● 人员工资及补助：员工补助、志愿者补助、临时工作人员工资、演出艺人工资、翻译人员工资等。

● 食宿及交通费用：住宿、正餐、饮料、酒水、人员交通费、货物及展品运输费等。

● 水电及各种杂费：电费、水费、保险费、临时招待费、娱乐费、其余杂费等。

在全部开支项目列表基础上，组织相关人员进行讨论，进一步优化开支项目并初步估算各种费用数值，计算出公园文化活动的初步成本及盈亏平衡点。

（3）统筹阶段注意要点

● **避免“虎头蛇尾”** 绝大多数公园文化活动并不缺乏精彩的开幕式，却极少能拥有一个令人回味无穷的闭幕式。活动期间，最精彩的部分也往往被集中安排在最初几天，越到后来能吸引观众的亮点越少。为避免这种“虎头蛇尾”的弊病，便要在统筹阶段合理安排活动序列，掌握节奏，有意识地设计多个高潮环节以持续吸引游客和媒体的关注。

● **随时发现“潜在问题”** 活动统筹过程是一个从头梳理、重新思考的过程，其中必然会发现很多创意讨论阶段未曾注意的“潜在问题”。在统筹阶段，策划者则需要对这些问题高度重视，随时发现随时记录，在下一阶段“工作面组成”讨论中集中讨论解决。

2.3.2 公园文化活动策划的设计

（1）固定活动板块设计

当前世界，几乎每项成功的文化活动都有其特色鲜明且相对固定的核心板块。例如，每届奥斯卡颁奖典礼都是由几个固定板块构成，其中，明星走星光大道、颁奖典礼现场演出及庆功酒会是整个颁奖典礼中最为人关注的环节，也是奥斯卡颁奖典礼区别于任何节庆活动的标志性板块。固定板块设计的核心，就是把简单的拼盘式内容设计成固定化、品牌化的现代活动流程。一般说来，固定活动板块设计应符合以下几方面要求：

1）固定活动板块设计应符合活动长期品牌战略的需要，内容上抓取公园文化中最富神韵的部分，形式上选择全部活动中最鲜明突出的环节。如天坛春节文化游园会以展现帝王祭天仪式为主线，表演"净鞭三响、法号鸣天、禁军执站、八旗骁勇、大驾卤簿仪仗"等 12 项祭天仪式环节，艺术地再现了历史上皇帝祭天的恢弘气势和壮观场景，几乎每次举行，都可吸引大量媒体关注的目光。

2）固定活动板块设计应符合大多数参观游览者的审美趣味和心理需求，不片面追求一时的惊艳新奇。如每年一届的大观园红楼庙会始终坚持展现红楼文化的"元妃省亲"古装表演，"红楼文化艺术展"及动感电影"太虚幻境"等固定板块，始终将红楼文化普及作为公园文化的特色与亮点。

3）固定活动板块设计应充分考虑连续多年实施所需的内外部条件，是否在公园承受能力范围之内，并尽量保护相关机构和企业的盈利前景及参与热情。

当然，固定板块设计也并非一成不变，当大众审美趣味和心理需求发生重大变化时，也应相应做出调整。

（2）　热点活动板块设计

如果说固定活动板块如同跳水比赛中的"规定动作"，考验的是公园文化活动的实力和底蕴，那热点活动设计则类似跳水比赛中的"自选动作"，表现的是公园文化活动丰富灵活、开掘亮点的能力。纵观近年来公园文化活动中较为成功的热点活动设计案例，可得出以下三条有益的经验：

1）围绕某一特定主题设计一系列丰富、多样的文化娱乐活动项目，以规模化效应提升活动影响力，吸引人们眼球。如北京植物园第十四届桃花节期间，为配合社会科普宣传热点，精心组织实施了一系列"走进植物园，走进大自然——保护生物多样性，建设绿色家园"科普宣传月活动。活动期间，既有咏桃花诗会、猜花谜、插花展示等文娱活动，又有专题科普讲座、家庭养花咨询、环保书画展等科普活动，全方位展示了科普宣传主题，取得了很好的社会反响。

2）广泛从民俗、曲艺、民间传统工艺等多学科、多领域吸取营养，巧妙将文化元素、艺术元素、娱乐元素融为一炉，设计出别出心裁的活动项目。如第七届北京大观园红楼庙会期间，组织者配合民间"本命年佩戴吉祥物"习俗，巧妙利用红楼文化中"灵通宝玉"元素，推出"本命年"摸奖活动。游客可凭身份证在庙会特设的展位处摸奖。在参加摸奖的1000多名"本命年"游客中，有300多人获得"灵通宝玉"一方，这一新颖独特的活动项目一经推出，很快成为当年春节庙会的热门话题之一。

3）与相关企业或个人合作，引进其珍贵、新颖且富于独创性的产品或手工艺品进行主题展览、工艺品展示、景点营造等，发挥公园文化活动的平台效应，实现企业产品展示与公园文化活动亮点创造的双赢。如第三届北京紫竹院公园文化节期间，在公园东门展示安徽竹工艺品艺术家张长江制作的"和鸣图"巨屏折扇，全扇用13048个楠竹件制成，重4800斤，是原该项目吉尼斯世界纪录的2.5倍；同时在公园湖区内架设由四川青神县艺术家制作的巨型"竹龙"，全长66m，龙身直径70cm，从头到尾共用480个竹圈、50多万条竹丝。两件堪称国宝的艺术品一经展示，很快便引来媒体的竞相报道，极大地提升了当届竹文化节的人气。

2.3.3 公园文化活动策划方案的制定

与常规游园活动不同，公园文化活动的参与者多，社会影响面广，充满各种不可预知因素。因此，任何将要组织实施的活动背后都应有稳定、周密的工作面支持，最大限度降低活动风险，确保活动预期效果的实现。

（1）制定方案所要包含内容

1）撰写策划案——从四大方面入手全面总结策划工作成果，撰写一份标准策划文案。

2）团队分工——根据活动策划情况完成基本团队分工及各“团队工作流程手册”的编写。

3）编写应急预案——参照相关公共文化活动标准应急预案，结合本次公园文化实际情况编写应急预案。

（2）策划案的撰写

一份完整的公园文化活动策划案应包括以下几大项内容：

1）活动基本情况概述

分项介绍公园文化活动的基本情况：①活动正式名称；②活动时间；③活动地点；④活动组织机构；⑤活动内容概述。本部分内容书写应准确、简练、规范，“活动内容概述”一项应高度概括与提炼活动策划的背景、意义和价值，让人对本次活动策划有一个整体了解。

2）活动目标、愿景与价值

本部分内容用语应力求精彩，具有表现力和说服力。“活动目标”介绍本次活动的目的、意义和价值；“活动愿景”介绍本项活动未来追求的长期成就和影响；“活动价值”介绍活动参与各方的利益诉求及活动产生的共同利益。

3）活动主题、主体创意和活动构想

“活动主题”应介绍本次公园文化活动的主题，并简要论述该主题产生的背景资料、分析思路及概括重点，以强化人们对活动主题的认识和理解。

“主体创意”应概括介绍用以诠释活动主题的主要内容及形式创意点。策划方案中的创意点和创新点是本部分叙述的重点。论述中可适当对比分析往届活动或其他公园类似活动的创意创新情况。

“活动构想”应较详细介绍本次文化活动的固定活动板块设置，热点文化板块设置等问题。重点论述活动构想的合理性、可行性，尤其应重点分析固定活动板块设置的思路和亮点。

本部分论述应层层递进，富于逻辑性和感染力，语言应形象生动，富于表现力。

4）人员组织与财务分析

介绍本次公园文化活动的固定人员构成、临时人员构成及团队分工状况，简要介绍各职能团队的工作重点及工作流程。大型公园文化活动可采用线框结构图形式介绍人员构成情况，较为清晰、直观。

陈述本次公园文化活动的财务统筹状况，开列活动全部开支项目列表、初步成本预算及盈亏平衡点并进行简要分析，结合精确财务测算结果，写出财务相关申请、申报报告。

（3）团队分工

在人员组织上需要单独列出团队分工一项，便于职责到人，工作有条不紊地开展。

团队分工是组成公园文化活动工作面的首要任务，其他任何活动资源的组合、运用都要靠各相关团队来推动和实施。在团队安排中，既要充分调动本园职工的积极性，组成全职固定团队，又要考虑公园文化活动人员需求的临时性、周期性特点，合理利用临时工、志愿者等兼职人员。

由于公园文化活动中工作人员数量会随时间推进而发生剧烈波动（从策划阶段十几个人的核心团队，猛增至活动开幕前几周几十人甚至上百人的服务团队），因此，公园文化活动中的人员及团队管理也具有一定的特殊性。实践经验表明，尽早确定基本工作团队构架，由各团队根据自身工作进展情况自行调配人员构成，是减少人员管理压力，保障工作进程的有效措施。一般情况下，公园文化活动应包括以下七支基本工作团队：

①活动总负责与指挥团队；

②文案编写及多媒体资料搜集团队；

③园林布景与环境设计团队；

④媒体及对外宣传团队；

⑤接待及后勤保障团队；

⑥现场指挥及安全保障团队；

⑦商品销售及经营团队。

完成基本团队分工后，各团队应根据自身任务情况分别制定出“团队工作流程手册”，手册中写明团队的组织结构、工作任务、时间安排、注意事项、与其他部门协调事项、应急预案、联络方式、考核标准及活动整体运营情况介绍等九大方面内容。做到团队成员人手一份，以指导和规范每一位团队成员的工作。

（4）应急预案的编写

公园文化活动应急预案是应对公园文化活动中可能发生的重大突发事件的规范性文件，是指导公园文化活动组织者紧急处理诸如游人踩踏、演出意外、蓄意破坏等事故的标准化流程。依据《中华人民共和国安全生产法》、《北京市突发公共事件总体应急预案》、《生产安全事故报告和调查处理条例》、《国务院关于特大安全事故行政责任追究的规定》等相关法律法规，公园文化活动应急预案应包括以下几方面内容：

①总则：说明编制预案的目的、工作原则、适用范围等。

②组织指挥体系及职责：明确各组织机构的职责、权利和义务。明确事故发生、报警、响应、结束、善后处理等环节的主管部门与协作部门，明确各参与部门的职责。

③预警和预防机制：包括信息监测与报告，预警预防行动，预警支持系统，预警级别及发布机制。

④应急响应：包括分级响应程序（可按照一般、较大、重大三级启动相应预案），信息共享和处理，通信，指挥和协调，紧急处置，应急人员的安全防护，群众的安全防护等。

⑤后期处置：包括善后处置，事故调查分析，检测与后果评估，新闻报道，社会救助，保险，事故调查报告和经验教训总结。

⑥附录：各种规范化格式文本，各分项管理团队应急预案，相关机构、人员通讯录等。

特别需要指出的是，应急预案中应重点突出几类公园文化活动常见突发事件的处理方法和注意事项，如水面救援、游人踩踏、游客冲突、重点景区人流过密、游人突发性疾病、食物中毒等。公园文化活动正式开幕前，应抽专门时间组织工作人员学习应急预案，并进行一至多次模拟突发事件应对练习。

方案确定注意要点

保持策划案的灵活性与开放性。再成熟细致的策划案都不是一次成型的范本，而是可以适应环境变化的灵活的文件。在方案编写的过程中，应充分预留灵活与开放的余地，让它成为每位工作人员手中具有指导性的方案，而不是硬性规定的最终结果。

避免主观化语言。在策划案的写作过程中，应列举确切的事实、数据和科学分析佐证自己的观点，避免使用“我肯定”、“我估计”等带有主观臆断色彩的语言。策划没有付诸实施，任何计划只能尽量降低潜在的不确定性，过分主观与肯定反倒容易引起人们的质疑。

第3章　公园文化活动的运行与管理

3.1　公园文化活动的筹备

公园文化活动的筹备阶段是活动顺利举办的前提，充分的准备才能保证活动在组织实施时顺利的展开。公园文化活动的筹备主要涉及场地设计、物料准备、信息传播、人员准备、政策制度、后勤保障等。公园文化活动的筹备工作主要包括以下内容：

3.1.1　组织准备工作

（1）取得有关部门的同意和支持

公园文化活动会在短时间内聚集大量的人流，就会牵扯到活动安全管理、交通疏散、环境保护、现场监管等工作。因此，争取公安、交通、消防、市政、城管、环保局、旅游局、国土资源局、工商局等部门的同意和支持非常重要，是公园文化活动成功举办的有力保障。

（2）成立筹备小组

明确组织者（包括主办单位、承办单位、协办单位、支持单位等）的组织机构设立和内部责任分工，负责解释活动的组织和策划等相关事务。一般情况下包括以下四个部门：

1）组委会

支持活动的全面工作，研究决定活动的各类重大事项，检查监督各项工作。

2）组委会办公室

在组委会领导下，负责解释各项活动的协调、检查、监督等工作。

制定组委会工作计划，负责组委会日常工作；制定和完善活动总体方案、组织机构及工作职责方案；负责活动主要的经费预算编制及使用审核；检查各项活动的落实情况；综合协调各工作机构的有关事项；协同有关单位做好开幕式、闭幕式、大型文艺演出等活动的策划和组织；会同行政接待部做好国内外重要来宾的邀请；掌握并提供文化活动各类动态信息；准备活动有关资料、邀请函、证件、礼品等。

3）综合工作机构

①新闻宣传部

编制活动宣传报道的工作方案；负责活动对外宣传报道工作；负责新闻发布会、领导专访、现场采访、电视专题节目录制等各类宣传活动的策划、组织等。

②行政接待部

编制活动行政接待工作方案；会同组委会办公室做好国内外重要来宾的邀请；做好重要来宾接待服务及迎送工作；掌握宾客动态；配合其他部门做好领导参与各项活动的安排和服务等。

③安全保卫部

编制各项活动的安全保卫工作方案及紧急情况预案；负责保护来宾的安全；活动前对主要活动场馆的治安、消防等进行检查。

④环境管理部

编制活动环境管理工作方案并组织实施；配合其他部门完成场地搭建等工作；完成活动场地相关的绿化、布景工程建设。

4）各活动项目工作机构

根据各个地方区域特色，确定活动中的活动项目，再根据活动项目划分为若干部门，每个部门负责一个活动项目，分工明确。

文化活动的筹备必须重视安全问题，并且力求从筹备的第一步——机构设置开始就牢牢把握好对安全事务的全局性掌控和细节性处理。

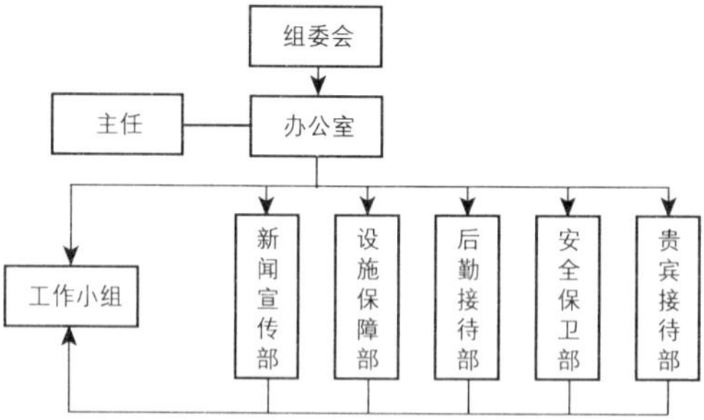

图3.1-1 2005亚太地区第八届盆景赏石会议暨展览会组委会机构设置框架示意图

(3) 制定活动日程

日程表是文化活动管理方必备的进度管理工具。在活动策划初期，日程表的内容极为简单，时间的分配也仅仅局限于活动项目的具体日程。随着计划的逐步推进，日程表细化到足以确定每项活动的时间、地点、内容以及参与人员的任务和责任等等。

2005亚太地区第八届盆景赏石会议暨展览会日程 **表3.1-1**

时间		活动内容	地点
9月6日星期二	09：30	开幕式	温室广场前
	10：00～11：00	讲习：亚太参展盆景流派和分类（韦金笙）	盆景展区
	10：00～11：00	讲习：中国赏石的分类与鉴赏（贾祥云）	赏石展区
	11：00～13：30	午餐	温室
	13：30～15：30	动势盆景制作表演（贺淦荪大师）	科普馆
	15：30～17：30	小菊盆景制作及养护表演（余锡昭大师）	科普馆
	14：00～16：30	盆景艺术研讨：胡运骅、李树华、罗莎迪、彭春生等	展览温室
	18：00～19：30	露天欢迎宴会	月季园
9月7日星期三	09：00～11：30	水旱盆景制作表演（赵庆泉）	科普馆
	09：00～11：30	赏石艺术研讨：麦培满、威廉·本驰、贾祥云等	温室内舞台
	09：00～16：30	紫砂盆制作表演	温室前广场
	11：00～13：30	午餐	温室
	13：30	前往爱家古玩市场、景泰蓝工厂参观	爱家古玩市场
	15：00～16：30	亚太盆景赏石会议展览理事会	卧佛山庄
	18：30	宴会	金源购物商城五楼姜仔鸭海鲜酒楼
	21：00	乘车返回宾馆	

续表

时　间		活动内容	地　点
9月8日星期四	09：00～11：30	五针松类盆景制作表演（胡乐国）	温室内
	09：00～11：30	柏木类盆景制作表演（郑诚恭）	科普馆
	09：00～16：30	紫砂盆制作表演	温室前广场
	09：00	讲习：让盆景走入千家万户（于锡昭）	温室外
	11：00～13：30	午餐	温室
	13：30～16：30	微型盆景制作表演（李金林大师）	科普馆
	14：00～15：30	盆景制作表演（刘传刚）	展览温室
	18：00～20：00	宴会	展览温室
9月10日～9月15日		公开展览	

（4）确定活动总体口号、标识和吉祥物

活动总体口号、标识和吉祥物可以对活动的宣传起到事半功倍的效果。

1）口号：口号有时是活动的一部分，它贯穿整个活动的始终，活动口号要求简洁，字数有限；与名称、会徽一起创意和使用；反映活动最本质的特性。语言方面要易读、易记，字义要鲜明且吉祥，能启发联想，具有广告和引导作用。如2004年举办的雅典奥运会上，希腊人热情而自豪地喊出了“欢迎回家”的口号。

2）吉祥物：吉祥物需要具有鲜明的地方特色和时代特征，创意及构图新颖独特，色彩明快，清新亮丽。如北京2008年第29届奥运会吉祥物，其色彩与灵感来源于奥林匹克五环，来源于中国辽阔的山川大地、江河湖海和人们喜爱的动物形象。福娃向世界各地的孩子们传递着友谊、和平、积极进取的精神和人与自然和谐相处的美好愿望。

（5）设计和开发宣传品、纪念品和配套商品

印制宣传手册，利用各种媒体跟踪报道都是对活动有效的宣传方式。随着人们文化素质的不断提高，追求文化精神满足的要求越来越高，人们往往把购买具有鲜明特色和丰富文化内涵的高品位的商品和纪念品作为其参与某项活动的见证。纪念品在设计时必须突出文化特

色和高品位的艺术特色、独特的纪念价值，还要方便携带。上海世博会特许商品有贵金属工艺品、珠宝、首饰、文具、钟表、家用玻璃制品、服装、运动用品、玩具等 30 个大类近千个品种。

（6）制定突发事件应急预案

公园文化活动受很多因素影响，而且活动一旦失败将会对举办方的形象造成极大损害，并会延续较长时间，所以必须做好几套应急方案。

（7）物资准备

准备在文化活动过程中需要的物资，包括场地的租用，场地布置所需要的音响、录像设备、横幅、鲜花等，员工统一的服装，以及举办现场所需要的水、食物，在文化活动开始前必须保证所有物资都能够如期送达现场。

（8）筹备过程中需要签订的与文化活动相关的合同

1）设备合同。在活动举办前，组织者需要与某些设备商签订租赁或买卖合同，如音响设备、录像设备等。必须明确规定全部当事人的具体责任，如设备的数量、安装、调试与使用、服务人员与服务方式、付款方式、可能出现的冲突等，保证当事人的利益。

2）场地使用合同。活动举办方必须对场地各方面的条件和情况熟悉，通过签订一定的使用合同，保证场地设施设备的安全性。

3）赞助合同。明确双方的责任义务，体现双赢。

4）演出合同。对演出节目和时间、地点安排、双方责任、承担费用、违约责任等作出明确描述。

5）商品合同。对商品的交货时间、质量、包装、安全使用的方式、保质期等明确责任。

6）分包管理合同。涉及食品供应、卫生的清洁、物品的运输等方面的合同。

3.1.2　制定实施行动计划

各类行动计划主要包括财务计划、消防及安全计划、员工培训计划、接待计划、环境整治及场地布置计划、交通管制计划、宣传促销计划、开幕式和新闻发布会计划、各主题和配套活动的日程安排等。为了有效地实施各项计划，必须制定详细的行动方案。此方案必须明确行动计划和战略事实的关键性决策和任务，并将执行这些决策与任务的责任落实到个人或小组。

3.1.3 公园文化活动的上报批准手续

在我国任何单位举办任何形式的展会，在其举办之前，都要向各级主管部门进行申报。进行申报的单位主要由主办单位的主管部门、会展举办地的工商行政管理部门等。不同类型的展览由于其性质、内容及其涉及的地域、部门等都有所不同，因此其审批的主管部门、内容及程序也有所不同。

（1）市属公园文化活动上报办理程序

1）市属公园举办大型文化活动的办理程序

市属公园举办大型文化活动应首先对活动的全部内容进行调研、论证、评估，由公园园长办公会讨论通过，将拟办大型文化活动请示、活动方案、安全保卫方案、应急突发预案等相关材料于活动前30日报公园管理中心。经研究同意后到市公安局、市文化局办理相关手续，待审批手续齐备后由公园管理中心报市政府审批后方可举办。市公园管理中心报市政府批准后再行批复。

2）各区县所属公园举办大型文化活动的办理程序

各区县所属公园举办大型文化活动主办单位应将拟举办大型活动的请示、活动方案、安全保卫方案、应急突发预案及所在区的公安、文化部门的审批意见一并报区、县政府审批。极特殊的活动应报市政府审批后方可举办。

3）重点文物保护单位内举办大型文化活动的办理程序

重点文物保护单位内举办大型文化活动需按有关程序上报，经市人民政府批准后方可进行。

（2）国内其他大型活动

国内大型活动，举办单位先制定活动计划，说明办展理由、条件、名称、内容、规模、时间和地点等，交由上级有关部门审批。上级有关部门对各单位的申报计划进行汇总和复审，并适时组织有关专业人员开协调会议，统筹安排活动计划，计划经领导批准后，向申报单位发出审批通知。各申办单位接到审批通知后方可进行筹展工作。

3.2　公园文化活动的组织实施

公园文化活动前期的策划、筹备工作一般需要很长一段时间才能进入正式的实施阶段，即现场管理环节。这是最为紧张、最为关键的一步，管理不善不仅会功亏一篑，而且会在行业里造成恶劣影响。本节从场地的布置和管理、后勤管理、交通管理、安保管理和现场管理等方面阐述公园文化活动的组织管理工作。

3.2.1　场地的布置和管理

（1）场地的选择

1）室内场地：指文化活动选择在固定的建筑物内举办，如各类会议室或会议中心、体育馆、或展览中心、展览馆等。这种场地往往是永久性多功能的，经过装饰和调整一般可以适合举办不同的活动。

2）临时搭建的凉棚式场地：凉棚式场地指的是临时搭建的用来活动的暂时性场地，往往选择在无建筑设施阻挡，有一定范围的草坪、广场或其他较为平坦的开阔区。

3）露天场地：有些活动由于流动性或活动性质和类型的限制，不需要顶棚，在草坪、广场等露天场所，或有规定路线的街道上举行。

（2）举办场地的分区设置

场地的布置和装饰都必须围绕整个活动的主题展开，灯光、音响和特殊效果都是为了烘托活动的气氛而进行设计和实施的。如整个活动背景的色调、舞蹈的形式等都留有使游客和观众发挥充分想像力的空间，音响和灯光能够使娱乐活动更加完美，诱导观众从潜意识到全身心的投入，而不会发生视线被阻挡或嘈杂声过大而淹没音乐的情况。

1）舞台、表演或演示区域

舞台、表演或演示区域的设计需要满足所有出现在舞台上的表演者的需要，也要便于观众观赏和参与，音乐的选择和音量的高低等音响效果、灯光的变换和强度、座位的数量和舒适度都要使观众满意。

2）观众和参与者区域

观众和参与者区域分为站立和坐席两种类型，相比之下，坐席更便于管理。观众区域的入口和出口的管理也相当重要。

3）设施设备管理区域

检查设施设备是否完备、是否完好，要及时维修或者补充。

4）服务区域

如储存区、员工休息区等。在活动开始前，要对场地再次检查，检查如场地与活动项目的要求是否一致、观众的舒适度、储藏区、出入区等相关区域和设备的情况，减少意外事件的发生几率。

（3）装饰的要求

布景和道具等的装饰涵盖了许多不同的因素，从颜色的设计到幕布的选择，从舞台景架的搭建到鲜花的摆放，其关键点是使不同的因素都围绕并突出活动的主题。

背景板和横幅是活动的标志物。背景板要求设计简洁、色彩明快、主色调和活动主题协调。横幅通常是红布做成的，文字用白色。气球、充气拱门和彩旗也是为烘托活动效果而布置的，能有效的营造出活动的喜庆气氛。活动组织者运用特技效果来吸引观众的注意力，营造激动人心的氛围，或令人大吃一惊，或令人开怀一笑。

3.2.2 后勤管理

对于所有的活动而言，后勤工作是最需要花力气考虑的一个部分，也是较为琐碎的部分，即便是极其微小的细节也会影响活动的成败。作为活动的组织者，如何做到精心策划活动的每个环节，并在现场管理中重视后勤管理的细节，从而满足各方利益相关者的需求呢？如果后勤管理不完善，无论多好的创意都难以完善的实施。

(1) 后勤管理应注意事项

1）举办活动的目的：吸引媒体注意、提供公众娱乐机会、科学知识普及。

2）活动的规模：预计游客人数、媒体记者和VIP贵宾。

3）活动的地点：室内或室外。

4）活动有无分会场以及各个场地之间的距离。

5）需要的供应商或服务商。

6）活动对设施的要求。

7）是否需要提供食品和饮料，提供的对象。

8）计划邀请嘉宾的数量。

9）嘉宾、媒体记者和演员抵达的交通工具；车辆的类型、来往时间和特殊要求。

10）工作人员和志愿者到达指定地点的交通工具。

11）对卫生设施的要求。

12）照顾特殊的人群。

13）场地的座位布局。

14）活动需要的工作人员和志愿者的人数。

15）用来储存设备和物品的空间。

16）工作人员和志愿者是否需要制作制服。

17）紧急救援措施、保安措施和人流控制措施的安排。

18）加强对可能发生情况的安全措施。

19）活动是否需要电视转播。

(2) 与供应商／服务商的协作

一般普通观众注意不到活动看台设施，注意不到节目表的印刷商、志愿者制服的制造商以及现场垃圾清理商等，而作为活动的组织者，选择好的供应商／服务商是非常重要的。

1）确定需要的产品和服务种类

举办一次大型文化活动往往需要与大量供应商／服务商打交道，包括市场设计、标志牌、礼仪策划，即用车、餐饮服务、饭店服务、发电机与空调、印刷、制作证件和凭证、票务及汽车通行证、各种桌椅、停车场管理、往返交通等。

2）详细说明彼此的权利和义务

如对于餐饮服务商，应确认他们是否具有经营许可证，了解饮食责任保险由谁承担，要求他们提供公司简介、餐饮品种、供餐计划、有价格明细的菜单，并提出在活动供餐多样性等方面的基本要求。

3）保证商品保质保量并如期到达会场

如活动制服的设计、制作和发放是活动后勤工作的重要内容，且制服的款式、颜色和面料选择都有讲究。制服尺寸、提前足够的时间定制制服、有效率的发放制服、制服调换等有关规定的制定，保证制服能在活动前如期运到组织者手里。

3.2.3 交通管理

交通管制是文化活动期间最普遍的难题，有效地疏导活动举办期间的大量人流、车流需要周密的计划，也需要当地警察、交通部门、活动组织方和志愿者的通力配合。

交通服务的有关的事项：

(1) 确认 VIP 客人、媒体记者、娱乐节目演员的接送、停车要求。向相关车辆发送通行证和停车证。

(2) 配备通信设施，保证所有的汽车司机都能随时与中心调度员联系。与当地交通、停车场管理部门合作，绘制准确的交通线路图，绘制交通车辆接送乘客的停靠点和停车场的位置。

(3) 确认活动场地大门是否允许各种车辆进入，将有关通知传达到门卫处。安排一些备用车辆待命。

（4）做好重要客人接送时的安全保卫工作。

3.2.4　安保管理

（1）“安全第一”

许多成功的活动组织者都信奉“安全第一”的原则，将安全措施放在重中之重，尤其是观众的安全是最重要的，对任何隐患都须采取预防措施，切忌视而不见。

1）设立安全事务委员会，审定最终制定的安全计划，并制定计划实施时间表。

2）根据医疗卫生及治安部门的建议，在活动现场中设立多个急救点。

3）根据以往的经验，确定急救点须配备的医疗人员数量。

4）活动现场应接受消防部门的安全检察，物品存放、装饰性搭建设施须遵循消防部门的规定。

5）与治安管理部门一起检查现场，讨论出入管理方案及如何对重要区域进行安全保卫。

6）设立明显的用于人流疏导的标牌系统。

（2）制定安全与危险防范措施

1）张贴适当的标志或通过广播向观众提醒安全事宜。

2）设置防护围栏，不让观众随意在场内跑动。

3）为工作人员、媒体记者、志愿者、VIP 客人制作出入证。

4）告知观众何处是紧急出口，宣传急救知识。

3.2.5　现场管理

（1）现场接待管理

1）观众的到场与退场

文化活动的观众流动有两种情况，一种是在较长的时间跨度内观众以较小的流量陆续抵达又陆续离开；另一种是在较短时间内观众蜂拥而至，又蜂拥而出。能否有效疏导观众流不仅影响观众的安全性，而且也直接影响观众的心里体验。安排迎宾员、引座员接待客人，可帮助客人迅速扭转因路上堵车或其他原因引起的心情不快，融入活动的欢快气氛中。主办方也可提供一些印有主办方LOGO的纪念品，如帽子、T恤、钥匙扣等。

2）演员、媒体记者、VIP客人及所有来宾的接待

组织方无论是接待VIP客人，还是成千上万的观众，都要做到细致周到，除在场馆入口处安排接待人员提供帮助、赠送礼物外，还应在活动的接待宾馆前厅设置问讯台、提供活动的日程，城市地图和其他活动信息，并为宾客解答问题。

大型活动尤其必须考虑演员、VIP客人、媒体记者及所有官员的接待。接送演员时要有缜密的交通方案，根据需要选派合适的车辆，保证路上交通的顺畅；对于媒体记者，要保证交通方便快捷，把握新闻的及时性；对于VIP客人和官员接送，主办方可以提供专门的车辆、停车区域和办公、休息地点会给他们留下良好的印象。

3）对特殊人士的照顾

所有的公共设施都应该考虑到残疾人的特殊要求，如坡道、盲道、专用的洗手间等，而且在现场划定专用的停车区域、观看活动区域、并以醒目的标志标明。残疾人参加的活动，要特别注意沿途路面的情况，避开陡坡和沟坎，安排志愿者或工作人员帮助盲人适应陌生的环境等。

4）住宿餐饮服务

举办文化活动是一项有大量人员聚集的活动，安排好他们的住宿也是组织者要先策划的内容。组织者除了可指定旅游代理外，往往还会和一些宾馆酒店签订合作协议，向所有来宾推荐这些指定的宾馆酒店，这些指定的宾馆酒店也往往提供比市场价更优惠的价格接待这些客人。

（2）现场工作人员管理

1）重视活动举办前的短期培训

把“人”视为可开发资源和崇尚“以人为本”的管理原则的今天，

只有通过不断的培训、提高来实现这一目标。尤其在文化活动开幕之前，要加强员工的短期培训。这种员工培训与活动的总体目标是一致的，是与实现活动组织单位的发展方向、目标规划相结合的。培训的内容包括场地情况、具体任务分工、工作职责、工作守则、意外事故处理程序、应急措施及其他相关信息。

2）采用有效的激励措施

一个活动如果想要建立一个好的形象的话，除了可以靠宣传推广之外，更是通过现场管理的水平和质量来体现，因此运用员工激励这种办法是一种行之有效的好方法。

奖励是强化激励的正面手段，包括物质奖励和精神奖励。物质奖励包括奖金、发活动的入场券、实物奖品、发活动纪念品等。精神奖励包括岗位轮换、多样化工作内容、工作肯定或口头表扬，颁发奖励证书等。

3）加强现场沟通

在活动举办的现场，保持及时、顺畅的沟通非常重要。通过信息沟通、意见交流，将分散在现场的许多员工贯穿起来，成为一个整体。畅通的信息沟通，可以减少人与人的冲突，改善员工与员工、员工与观众之间的关系。活动项目管理者要想作出正确的决策，必须以准确、完整、及时的信息作为基础。加强沟通是现场组织控制管理过程的依据和手段。没有好的信息沟通，情况不明，就无法实施科学的管理。只有通过信息沟通，掌握各方面情况，才能为科学管理提供依据，才能有效地提高现场管理的效能，通过现场内、外部环境之间的信息沟通，就可以获得众多的变化的信息，从而为现场管理及决策提供依据。

4）组织和管理好临聘人员

一般一个活动项目组的组成人员少，而在现场管理中需要大量的执行人员来完成不同区域的繁重的工作任务及阶段性工作，活动项目组织者就需要聘用临聘人员。本着“公开、公正、择优”的原则，通过社会招募，面试合格后办理有关录用手续。经过总体培训、分类培训和实地操作后，充实到各个岗位上。

(3) 制定必要的防范措施及紧急应对计划

不管举办何种有大量人流的活动，都要提前做好安全检察工作，对大型活动场所进行一次全面检查，确保安保措施到位、设施运转安全、组织体系完善。做好安全措施的预定工作主要包括：设立非通行区域；设置专门人员通行区域；确认紧急救援人员进场和离场路线；确认急救需要；制定紧急回应措施。

3.3 公园文化活动的管理

3.3.1 公园文化活动进度管理

通常来说某项公园文化活动是多方参与，时间紧凑的多个项目的集合。文化活动正常有序地推进，不仅关系到文化活动的目标能否实现，还直接关系到文化活动的质量和成本。在公园文化活动的实施过程中，必须树立和坚持一个最基本的进度管理原则，即在确保活动目标质量的前提下，控制活动的进度。

为了有效地控制活动进度，尽可能摆脱因进度压力而造成活动组织和管理的被动，活动管理方人员应深入了解：

- 整个文化活动项目的进度目标是什么；
- 影响整个文化活动项目进度实现的主要因素有哪些；
- 如何正确处理进度和质量的关系；
- 管理方在整个活动中的地位和作用；
- 进度控制的基本理论、方法、措施和手段等。

(1) 文化活动总进度目标的内涵和论证

文化活动的总进度目标是在项目决策阶段定义时确定的，在活动实施阶段，进度管理的对象不仅是布展和具体文化活动的进度，还应包括：

- 实施期前准备阶段的工作进度；
- 设计工作进度（实施期内涉及设计工作的展览等）；

● 施工和设备安装的进度；

● 物资采购工作进度；

● 布展完成后至活动启动前准备工作的进度等。

在进行文化活动总进度目标论证时，应分析和论证上述各项工作的进度，以及上述各项工作交叉进行的关系。

（2）文化活动进度计划及编制方法

进度计划是文化活动进度管理的依据。由于进度计划编制所需要的资料是在项目实施过程中逐步形成的，因此进度计划系统的建立和完善也有一个过程。从总体控制性进度计划到指导性进度计划，最终形成实施性（操作性）进度计划。

横道图是一种最简单且运用最广泛的传统计划方法，横道图的表头为工作及其简要说明，项目进展表示在时间表格上，按照所表示工作的详细程度，时间单位可以为小时、天、周、月等。横道图的最大优点是简洁性，一项文化活动用一张横道图就可以清楚地体现出工作中的交叉、先后逻辑顺序及对整项工作起制约作用的关键任务。

（3）文化活动进度管理

文化活动进度管理的措施主要包括组织措施、管理措施、经济措

文化活动进度计划表　　表 3.3–1

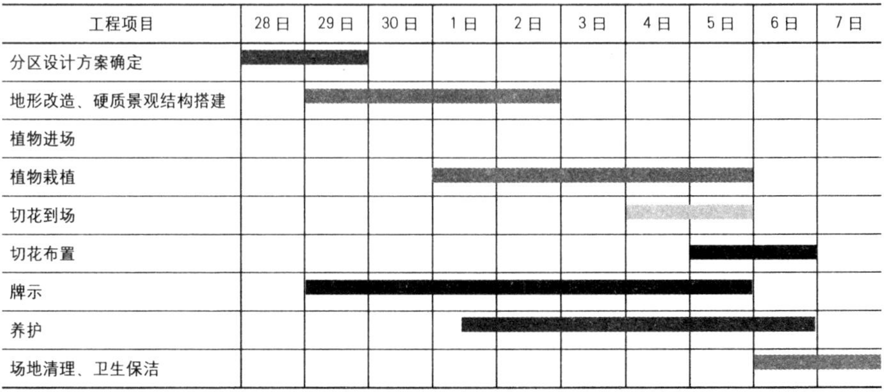

施和技术措施。

1）组织措施

组织是文化活动目标能否实现的决定性因素，因此，为实现进度目标，应充分重视健全项目管理的组织体系。设立专门的进度控制部门，编制进度管理任务分工表，确定进度管理流程和协调机制。定期跟踪进度计划的执行情况，在活动实施过程中及时纠偏或调整进度。

进度管理工作包含大量的组织和协调工作，会议是组织和协调的重要手段。

2）管理措施

为实现进度目标，应时时注意分析影响活动进度的各类风险，并在分析的基础上采取管理措施，以减少进度失控的风险量。常见影响活动进度的风险有：组织风险、管理风险、合同风险、资源风险和技术风险等。

同时应重视信息技术在进度管理中的应用，如利用相应的软件、局域网、互联网以及数据处理设备等。信息技术的应用有利于提高信息处理的效率和透明度，有利于促进进度信息的交流和各个活动参与方的协同工作。

3）经济措施

为确保进度目标的实现，应当编制与进度计划相适应的资源需求计划，包括资金需求计划，人力、物力需求计划。通过资源需求的分析，可以发现进度计划实现的可能性，如果条件不具备可通过经济措施进行调整。

应当考虑加快进度所需要的资金，其中要包括实现进度目标要采取的经济激励措施所需要的费用。

4）技术措施

技术措施包括设计技术和布展施工等技术的选用。

在进度受阻时应分析是否存在设计技术的影响因素，为实现活动进度目标可以对设计进行适当变更。

施工方案对于工程进度有直接的影响，当进度受阻时，应分析施工技术的影响因素，考虑改进施工方法和增加施工机械使用的可能性。

3.3.2 公园文化活动安全管理

公园文化活动的安全管理就是针对活动实施过程中的不安全因素进行有效的管理，以降低文化活动中安全事故的发生概率。安全风险无处不在，从拥挤的游客人群到提供食品饮料的过程都可能发生危险。活动的组织者应当坚持“安全第一”的原则，将安全措施放在重中之重的位置上，对任何隐患都必须采取预防措施，绝不能视而不见。

据统计，1983 年至 2004 年间，我国在大型群众性文体活动中共发生伤亡事故 37 起，686 人死亡，1376 人受伤。其中建筑设施坍塌事故 6 起，占 16.21%；疏散通道、灯光照明等不符合要求事故 8 起，占 21.62%；天气因素等事故 2 起，占 5.4%；观众数量失控、组织工作疏忽等造成拥挤踩踏事件 18 起，占 48.64%；体育赛事发生骚乱 3 起，占 8.1%。

安全管理不仅是现场保安或者安保部门的责任，而应该是所有活动参与者共同的责任。活动安全管理是一项庞大的系统工程，要求活动组织方和参与方要有严密的安全管理体系、先进的安全管理理念、科学的安全管理手段、专业的安全管理人才，保证各部门的紧密配合，只有开展全员安全管理才能保证活动平安、有序。

(1) 活动前的提前准备

文化活动举办前应当就相关安全环节进行必要的检查和准备，主要内容包括：

- 活动场地内的建筑物的安全评估，对存在疏漏或者缺陷的地方或环节进行改进，以杜绝硬件方面的安全隐患；
- 制订游客人群分流疏散预案，包括游客量及集中度预测、规划游客分流路径；

● 制订应急救援预案，包括疏散通道和疏散场所的选择以及发生紧急情况的应急救援流程等。

(2) 活动实施过程中的监督和预警

活动实施过程中必须保持对人流和各类灾害的监督和控制，以防患于未然。安全危机主要涉及自然灾害，如地震、洪水；社会灾难，如突发性公共卫生事件；流行病；政治事件、经济事件、意外事故及旅游犯罪等。

活动管理部门应当对游人游览时间和区域分布做好实时预警，安排安保人员提早做好游客分流和管理工作；对各类突发灾难和事故做到早发现、及时处理，防止事故危害扩大和蔓延。

(3) 事后应急管理

突发事件发生后，安全管理工作主要集中在两个方面：疏散人群和控制灾害。疏散人群是防止突发事件转化为拥挤踩踏事故的关键所在。面对慌乱的人群，必须尽快启动游人疏导应急救援预案，按照事前部署的程序和人员位置进行工作，尽最大可能确保所有人员的人身安全。在其他灾害发生时，疏散人员的同时，应急指挥系统必须在最短时间内开始工作，联络相关部门如公安、消防、环保、卫生等到达现场，迅速有效地对灾害实施全面的紧急救援。

活动主办方的管理人员的职业健康与安全也是安全管理的一部分，应当制定相应规定和管理流程，防止在工作环境中可能出现的意外事故和伤害。

3.3.3 公园文化活动效果管理

评估是公园文化活动的重要组成部分，它是活动后续管理的核心。评估作为文化活动生命周期的最后一个阶段的重要组成部分，它为活动项目的总结提供了可靠依据。文化活动的影响评价以评价报告为基础，分析该活动的发展趋势及其对社会、经济和环境的影响，总结决策等宏观方面的经验教训，为公园文化活动的策划、组织和管理提供依据。同时为今后的活动管理工作提高效率和效益提供建议，为提供更完善的管理体系和提高管理水平服务。

（1）评估包括对已经发生事实的总结，以及对项目未来的预测。评估可以分为三种：

1）事前评估。在活动前进行评估，目的是确定举办该活动可能需要的资源量和继续此项活动的可能性。通常是在项目可行性研究基础之上，通过分析和调研对活动的投资和可行性做出判断。研究的结果可以作为活动的目标，是衡量活动是否成功的基准。

2）活动跟踪评估。在活动的不同实施阶段对活动的进展进行的跟踪和评价。这种评估的目的是检验活动策划的质量，针对实施过程中的困难和问题寻求对策。通过评估有可能降低成本、提高活动收益或者更好地完成进度管理目标。

3）事后评估。这是最常用的评估形式。对已经完成的活动项目的目的、实施过程、效益、作用和影响所进行的系统客观的分析。通过定性和定量相结合的总结，评价活动项目的策划、筹备和实施的情况，衡量实际值与预期情况的差距，总结经验教训，及时有效反馈。

（2）活动评估的结果要反馈到活动的决策部门，作为新的文化活动的决策依据，因此评估需要具备以下特点：公正性、可信性、可操作性和透明性。

（3）评估的参与者：

1）聘请评估机构，为保证评估的客观性和科学性，聘请专门的评价机构对活动的效益等进行评估；

2）游客；

3）管理方项目组成员；

4）赞助商及其他活动参与方。

（4）评估内容

评估的基本内容应当包括：

1）策划方案评价；

2）活动目标实现程度评价；

3）筹备工作评价；

4）宣传推广评价；

5）组织机构和人员评价；

6）进度管理评价；

7）服务管理工作评价；

8）财务管理评价；

9）活动效益评价；

10）活动影响力评价，从社会影响、环境影响、经济影响等几方面进行评价。

（5）评估方法

1）调查法，通过调查获得定量数据或定性描述。例如：问卷调查、谈话调查等。

2）分析法，是评价的基本方法。

3）总结会，管理方工作人员口头汇报工作总结情况。

（6）评估过程

首先确定评估的内容，根据评估内容确定需要收集的数据和资料，确定评估人员，成立评估团队后对收集到的评估资料进行定量和定性分析，最终形成评估报告。评估报告的形式有描述性和数据性的两种。

（7）活动的总结

总结是文化活动管理中的最后一个环节，恰当地进行总结将给活动管理方和团队成员带来收益，总结可以在活动评估的基础上进行，总结的内容应包括：

1）活动进度；

2）活动成本；

3）活动质量；

4）活动人员管理及沟通；

5）活动特点；

6）经验与教训。

[附] 广东省展览会项目评估标准及实施细则(修改稿)

一、评估目的

随着广州会展业的迅速发展，展会的数量逐年递增，展会的质量不断提高，已初步形成较完整的产业结构。而且在项目管理、运作模式、社会分工、服务等方面更趋专业化、国际化、市场化。为适应广州会展业飞速发展的需要，规范行业秩序，切实有效地保护广州的品牌展会，保护展商和客户的利益，使广州会展业健康有序的发展，协会决定从 2007 年开始对本协会会员单位所举办的展览会进行综合评估。

评估工作初期拟先从核查展会项目的各类数据和调查参展商、观众对展会的整体满意度着手，逐步完善评估内容，深化标准，做到公平、公正、公开。通过展会评估，并逐步对展会项目名称的产权保护，会议、展览场馆信誉等拓展评估内容。

二、评估资质要求

1. 申请资质：

(1) 本协会会员单位

(2) 经过政府主管部门批准或备案，在广州地区举办连续三届以上(含三届)，规模达到 1 万平方米以上具有行业代表性的展览会。

2. 参加评估单位须提供以下相关资料：

(1) 申报时提交：

1) 填写《展览会评估申请表》(后附)；

2) 本项目的批准文件或展销会登记证(复印件)；

3) 前二届展会主要数据的情况表(后附)；

4) 历届会刊；

5) 配套专业会议及研讨会资料。

(2) 展后提交：

1) 观众登记数据资料，须通过登记手续或购票后记录；

2) 展会总结，按统一表格填写(后附)。

三、评估机构

1. 评估常设机构:《广州市会展业展会评审委员会》为终审机构。成员由广州市会展业管理领导小组和市政府主管、审批部门的领导组成。

2.《广州市会展业展会评审委员会》下设专家评审组。为确保评审的公正、公开，将对展会项目进行专家会审，成员由广州市会展业管理领导小组各成员单位负责人、广州市会展业行业协会负责人、市会展协会专家顾问、各展览场馆有关人员、业内专业人士、大专院校教授及媒体代表等组成。

3. 评估工作小组：由广州市会展业管理领导小组办公室、市会展协会工作人员、展览场馆有关人员及大专院校会展专业的志愿者共同组成，负责收集整理需评估的展会信息、资料。

四、评估流程

1. 采取企业自报，评估工作小组初审的方法。首先由评估工作小组根据评估资质要求，列出通过初审的展览会项目，向申报评估的单位发放申报表，评估工作小组按要求在现场收集数据和材料。(附参展商意见征询表、专业观众意见表。)

2. 现场数据调查标准

3. 经评估工作小组整理后由评审委员会组织专家评审组进行综合

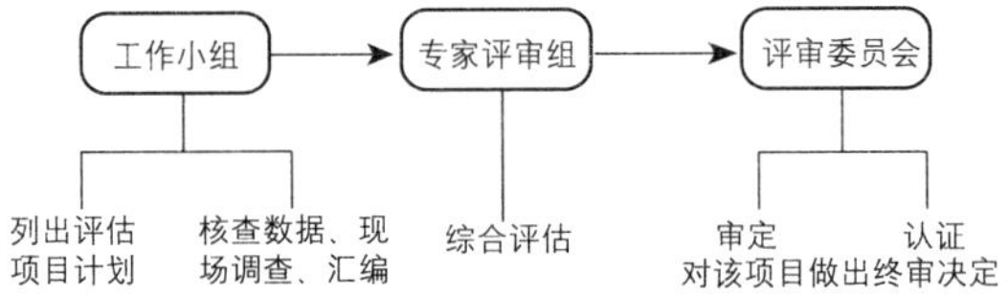

图 3.3–1 评估流程图

表 3.3–2

工作计量项目面积	参展商调查收缴率	专业观众调查份数
1 ~ 2hm²	90%以上	150 份
2 ~ 5hm²	85%以上	200 份
5 ~ 10hm²	80%以上	300 份

评估。

4. 专家评审组把评估结果上报评审委员会，评审委员会对专家组的评估结果进行评定，做出终审决定。

五、评估标准

1. 评估标准应从展会规模、国际化程度、专业化程度以及参展商、专业观众的满意度等七个方面进行评估：

- 已连续举办三届以上（含本届）；
- 境外（指在境外注册的）参展企业面积在10%左右；
- 规模在毛面积1万平方米或净面积不低于35%；
- 专业化程度较好（是指展会主题与参展内容基本相符）；
- 参展商评价分在80分以上；
- 专业观众评价分在80分以上；
- 展会前景好（指连续三届有平稳发展的项目）。

2. 参照国家经贸委发布的评定标准进行评定，综合评分应达到A级（附专业性展览会等级划分及评定标准）。

六、评选结果

经评审委员会终审评出的展览会项目，获得“优质展会”称号（暂定），并享有下列优惠措施：

1. 审定结果在行业的媒体上进行公布，并在有关媒体上宣传报道；

2. 给予优先登记备案，优先安排展期，优先安排展馆；

3. 企业在自身对外宣传时，允许冠名该展会为“广州会展业重点推荐”品牌展会，使用期限为三年；获得荣誉称号的项目在三年内，评审委员会有权进行抽查，不合格者将取消其资格；

4. 获得广州市会展业展会评审委员会颁发的证书和奖杯。

七、保密与回避

1. 评估工作的工作人员对被评估的项目、单位的数据和资料严格执行保密制度；一经发现违规操作，将取消其参与评估工作资格，并通报批评。

2. 评估工作的有关人员在评估工作中应执行回避制度，凡涉及相关单位被项目评估的应予主动回避。

广州市会展业行业协会

二〇〇七年二月

第 4 章　公园文化活动的宣传

在新世纪技术革命领先的社会里，各种信息正依托着各种媒介在大众中传播。公园文化活动是为公众服务的文化信息，文化活动的信息传播就是宣传。宣传是在公园文化活动的组织、策划、实施与管理中不可缺少的一个环节。通过媒体的各种形式的宣传，可以让能够引导公众审美、获取精神享受的文化活动在短时间内让社会公众知晓，并参与到其中，以此达成组织者的活动目的。宣传就是要突破活动受时间和空间限制的瓶颈，以一定的辐射面和影响力不断传播、复制、再传播、再复制，从而扩大活动的影响。文化活动宣传的同时，可以树立企业形象、提高企业的知名度和影响力。

4.1　有关宣传的简述

宣传在文化活动中是相对独立的作业模式，本节先从文化活动宣传所涉及的概念入手，简要说明“宣传”、“媒体”、“策划”、“营销”在文化活动中所表达的意思，从而站在文化活动的角度上，阐述宣传的形式及其重要性。

4.1.1　宣传的几个相关概念

任何一个团体或一个组织要策划并组织一项文化活动，肯定要进行媒体的宣传、活动的策划、企业的营销，才能使这项文化活动达到参与范围最广、影响范围最大、企业受益最高，达到受众和组织者双赢的局面。只有明确这些概念，我们才能有明确的目标。

（1）宣传

《中国新闻实用大辞典》中的“宣传”定义是：“个人或团体借助各种媒介有目的的传播某种事理以影响他人意识和行为的社会活动。它是一种信息传播行为，产生于社会发展的客观需要。在阶级社会中，它通常是一定阶级、政党、团体进行政治思想斗争的重要手段。”

在英语中 propaganda 和 promotion 均可翻译成“宣传”。propaganda 在牛津英汉双解大辞典中将“宣传”解释为“一为劝说或让人信服所做的理念、信息的宣传与传播。二为某（政治）利益服务却（常作）貌似不含偏见的宣传（贬义）”。promotion 被解释为“（为推销商品而作的）广告宣传或推销活动”。

综合以上解释，“文化活动的宣传”可以理解为“某团体或组织就所组织的文化活动借助各种媒体的力量进行推广，为社会公众提供并丰富他们的文化生活、获取精神享受的过程；同时，组织者因此而提高知名度，树立企业形象，增加社会效益和经济效益。”

（2）媒体

媒体一词来源于拉丁语“Medium”，音译为媒介，意为两者之间。它是指信息在传递过程中，从信息源到受信者之间承载并传递信息的载体和工具。也可以把媒体看作为实现信息从信息源传递到受信者的一切技术手段。媒体有两层含义，一是承载信息的物体，二是指储存和传递信息的实体。

在本文中，媒体是指那些能够传播活动信息的各种载体或平台，也就是我们常说的传媒。最常用的载体就是报纸、电视、广播、网络和广告等其他的宣传形式。

（3）策划

策划在词典中是“筹划、谋划”之意，陈放先生认为，策划是“为实现特定的目标，提出新颖的思路对策即创意，并注意操作信息，从而制定具体实施计划方案的思维及创意活动。”实际上就是为了达到一定的目的，依据并借助一定的材料和信息，对即将举办的活动行为或面对的环境进行创新式的思维，并制定科学、可行的策划方案的过程，就是策划。

策划就是对过去存在的、现在发生的、将来要面对的有一个全面的把握。文化活动的宣传实际上也是一项策划活动，宣传的目标是什么？如何进行到位的宣传？如何通过宣传来吸引更多的人参与到活动中去？这些都需要进行精心的策划。

(4) 营销

营销是关于企业如何发现、创造和交付价值以满足一定目标市场的需求，同时获取利润的学科。真正意义上的营销，即市场营销(Marketing)。从企业角度讲，营销是其未来生存状态的战略。公园文化活动及其宣传应该从属于营销这个大概念，是企业营销的一部分。

在文化活动的实施过程中，这四个概念是紧紧联系在一起的。活动依靠宣传得以推广、发扬并成为传统，宣传的基本途径和手段是借助于媒体的传播力量；要挖掘并策划文化活动中的亮点，媒体才乐于传播，活动才能宣传出去；对于企业而言，媒体宣传从属于企业营销，是企业营销的一部分。成功的宣传与策划，可以打造一个文化品牌、提升企业形象、扩大知名度，这便是相得益彰的营销。

4.1.2　文化活动宣传的形式

公园文化活动进行宣传所附载的媒介就是常说的大众传播媒体，即大众传媒。

宣传形式多种多样。从人类有传播活动、建立宣传概念以来，有关专家和学者就从不同角度对媒体或传媒进行了分类。按其附载媒介形式、作用于人体感官的不同、传播影响范围、受众类群的不同等进行分类，例如分为印刷媒体、电子媒体；视觉媒体、听觉媒体；国际性、全国性和地方性；大众化媒体和专业性媒体等。根据传播的发展历史，又把宣传媒体分成第一媒体、第二媒体、直至第五媒体。现在，由于数字技术和网络技术的迅猛发展，又有了传统媒体和新媒体之分，而且新媒体占企业宣传的比重将越来越大。

本节将就公园文化活动的宣传形式和媒体进行简单的分类，并对其所具有的优势和不足进行简要说明。

（1）纸质传媒

纸质传媒是将各种信息以文字、图片的形式印刷在纸上进行传播的媒体，包括报纸、杂志、书籍以及宣传单、小册子、函件、招贴画、图片等。

杂志一般来说分类很细，专业性强，宣传集中，如旅游方面的杂志《中国旅游》、《中国国家地理》、《华夏地理》、《旅行者》、《旅行家》、《旅游天地》、《中国城市旅游》、《旅伴》和《时尚旅游》等等，都是国内比较有名的杂志。假如一项文化活动成为一个品牌时，要对其详细介绍或探讨时，杂志是比较不错的选择。但是杂志发行周期长，不具备新闻性和时效性，另外，价格高，其受众面比较狭窄。

报纸是以刊登每日新闻为主的定期出版物，信任度高，各种信息高度结合在一起，告诉受众身边发生的既有针对性又有代表性的信息，且具极强的新闻性和时效性，区域性强，覆盖面广，受众人群多。对于文化活动的宣传和自身形象的提升和扭转，是一种非常有力且有效的宣传手段。在北京，《北京日报》、《新京报》、《北京晚报》、《北京青年报》、《京华时报》、《法制晚报》等十多家报刊在领导层面和百姓层面都有很高的影响力。尤其是那些上班族在上下班途中的最爱，一张报纸便一揽天下。

报纸是公园文化活动宣传中非常主要的传播媒介，竞争再激烈，报纸也不会淘汰，因为在阅读的同时，会有更多的思考，而且便于长期保存和查找。

其他形式的宣传册等也不失为一种好的宣传。例如在 2010 年北京市公园管理中心举办的北京皇家园林文化节暨第五届北京公园节期间，印刷了精美的宣传册，详细介绍了北京的皇家园林以及期间举办的即将纷纷亮相的公园文化活动内容，免费发放，极好地推动了文化节的各项活动，并给游客了留下珍贵纪念。

（2）传统的声像传媒

传统的声像传媒就是互联网兴起之前的两大媒体，广播和电视，利用现代电子技术使信息突破了纸质传媒静止的、瞬间凝固的传播方式，使之传播速度更快，范围也更广。

广播的优点在于信息传播迅速、及时，范围广泛，选择性较强，成本低，播出和收听不受时间、空间限制，但是没有电视生动形象。随着电视的普及，广播一度没落。然而，随着社会经济的发展，当人们以车代步的时候，广播又成为有车族的挚爱。北京广播电台的103.9Hz—北京交通台、中国国家广播电台的 91.5 Hz—调频立体声频道，是非常受司机朋友和年轻人喜欢的波段。

电视声像并茂，是现代所有媒体中最家庭化的娱乐媒体，具有强烈的感染力，能引起高度注意，触及面广。对于正在举办的文化活动，人们能够亲眼见到并听到，活灵活现，使电视机前的受众产生真实、信服的感受。超越了人们受文字约束的困难，成为一种最大众化的宣传媒体。尤其是画面对受众的冲击力和感染力更强，可以在瞬间向人们传播信息。除了在电视的黄金时段做广告外，利用新闻时段可以播出新闻片段，不但减少宣传经费的支出，而且活动更易得到传播，同时树立和提升了企业形象。我们在北京电视台的《北京新闻》栏目经常可以看到北京植物园桃花节暨世界名花展的宣传，便是一个最佳的说明。

（3）新传媒

新媒体（New media）概念是 1967 年由美国哥伦比亚广播电视网（CBS）技术研究所所长戈尔德马克（P.Goldmark）率先提出的。

石磊教授在他的《新媒体概论》中详细论述了新媒体的概念、分类和发展。他认为，新媒体是相对于传统媒体而言的，是报刊、广播、电视等传统媒体以后发展起来的新的媒体形态，是利用数字技术、网络技术、移动技术，通过互联网、无线通信网、卫星等渠道以及电脑、手机、数字电视机等终端，向用户提供信息和娱乐服务的传播形态和媒体形态。严格地说，新媒体应该称为数字化新媒体。

石磊教授把新媒体分为网络新媒体、手机新媒体和电视新媒体三部分，分别包括网络报纸、网络广播、网络电视、博客和播客；手机报和手机电视；数字电视、IPTV（交互式网络电视）、移动电视和户外新媒体。

数字技术和网络使得信息传播速度更快、节点更多、范围更广，借用新媒体的宣传，逐渐冲击了传统四大媒体（报纸、杂志、广播、电视）的统帅地位，更加灵活多变、时时互动，尤其是每个人都可以充当一个新闻人，这些对于信息的传播可以说是爆炸性的和时空穿越性的。如何更好地利用新媒体，是我们要积极面对的一个宣传课题。

（4）其他宣传媒介

除上述所谈到的传播媒介外，还有车身、电梯、路边等户外广告、彩旗、霓虹灯、包装、路牌、招贴、灯箱、高空气球、赠品、门票等不胜枚举，表现形式丰富多彩，非常适合在举办文化活动的区域周围进行宣传。

因此，在经费充足的条件下，我们应综合利用各种传播媒介，使文化活动得到充分的宣传。吸引更多人参与的同时，也提高企业的社会效益和经济效益；而且在弘扬社会倡导的文化同时，极大地提高了社会的文化素养。

4.1.3　文化活动宣传的重要性

人们在"广义"上理解文化"是社会和人在发展过程中，人们生活和活动所创造的物质和精神财富"，在"狭义"上理解就是"人们的精神生活"。所组织的文化活动也是社会活动中的一部分，因此宣传文化活动除给企业带来一定的经济效益外，更多的是承担了丰富人们的精神生活，加强社会主义精神文明建设，传递知识，引导公众的审美追求。

（1）满足人们对精神文化的追求

人类的基本需求分为物质需求和精神需求两个层面。人们在追求物质生活极大富裕的同时，也需要更高层次的精神要求和追求。像在每年的传统节日举办的地坛庙会，是对传统文化的挖掘。北京植物园的桃花节在向人们展示植物美丽的同时，普及桃花知识、弘扬中国传统的桃花文化、诗词歌赋，享受美的同时也得到了精神的熏陶。天坛、颐和园等古典园林则展示了中国的历史文化、皇宫文化、建筑文化等。

（2）引导社会公众的审美追求，折射社会的发展与进步

不同的时代、不同的文化和不同社会集团的人具有不同的审美观，也会有不同的文化产生。各种文化活动除了传承历史的情结外，更多的综合了创新的元素，从而推动了社会的发展。北京植物园桃花节在开始举办的前几年，为了营造热烈、喜庆、祥和的活动气氛，引进了许多传统的民俗节目，如龙狮表演、踩高跷、秧歌等喜闻乐见的百姓参与活动。8 年以后，随着科普馆的建成和植物景观的完善，面向大众的、能够参与互动的科普活动逐渐替代了传统的民俗活动。折射出人由爱热闹转变到对知识的追求与享受，人们的审美层次更高了。

美是人类社会实践的产物，文化活动也是人类社会实践的产物，积极向上的文化活动能带给人们精神上愉悦的情感。人在追求美的同时也形成了自己的世界观。无论是吟诗诵词，还是唱歌跳舞；无论五彩缤纷的花展，还是充满民俗乐趣的庙会；无论是探索知识的科普展览，还是挑战极限的体育活动，都无时无刻不在潜移默化地影响着社会大众的审美情趣。通过对文化的宣传，引导人们更加乐于从事积极的、乐观的、愉悦身心的各种文化活动。通过媒体的介绍、传播，可以影响着千千万万的人的精神世界。

（3）普及与传递知识

一般说，任何一项文化活动都包含着丰富的文化内涵，有关历史的、传统的，有关植物的、动物的，有关于建筑的，风景的等等诸多

知识元素。而宣传本身也蕴含着丰富的内容和知识的含量。例如，每年春季和秋季是北京最美的两个季节。春天万物复苏，各种植物也都争先恐后地绽放羞涩的花苞。北京植物园的桃花节、玉渊潭的樱花节等以植物为主题的文化赏花活动都相继展开。这时北京的各类报刊、广播、电视、网络等开辟专栏预告花期，刊登植物科普文章，以及动物园有关动物的生长发育、繁殖、保护等相关报道，无不在普及和传递着相关的植物动物知识、生态知识以及保护自然、保护环境的环保意识，以提高公众素质。

（4）增强社会和行业间的交流

宣传对于增强社会和行业间的交流是显而易见的。许多文化活动都是通过媒体的传播才为人们所熟知，数字技术和网络技术的不断发展使得信息的传播更加快捷和覆盖的范围更为广阔，为人们提供了更多的交流机会以及了解行业的发展水平。尽管洛阳的牡丹花节是以花为媒、塑造形象发展经济，但其中所展示的牡丹的品种多样性也吸引着全国各地的牡丹研究者奔赴洛阳，与之进行技术交流并进行引种栽培。

（5）有利于企业获得最大效益

良好的积极的宣传是提高企业知名度，塑造企业外部形象的重要手段。随着市场竞争的日趋激烈，如何树立自己的品牌已经成为企业持续发展的战略之一。企业要通过宣传，使自己赢得更多的客户，争得更大的经济效益，尤其是进入市场商品经济社会，更需要进一步宣传，巩固企业形象和社会声誉，增加经济收入以持续发展。组织定期和不定期的文化活动，正是不断丰富宣传的内涵和功能，使企业在创新中不断发展。2006 年第 18 届北京植物园桃花节期间，游人量达到 200 余万人，占了全年游人总量的 50%。香山公园红叶节期间，最高游人量达每日 10 余万人，是平日的 3 ~ 5 倍。

4.2 公园文化活动宣传的组织与管理

尽管中国新闻界对“新闻报道策划”一直存在争议，在实际工作中，宣传单位和媒体都在进行着能够达到最佳效果的、富有创造性的策划和组织活动。

公园文化活动是在一定时间内举办、地点不变、主题集中、包含丰富文化内涵、形式多样、面向社会公众的一项活动。要在短时间内吸引更多的大众参与到这项活动中去，如何借助媒体的力量使活动信息传播更及时、范围更广泛，周到详尽的策划与组织过程是必不可少的。

最常采用的宣传是通过新闻发布会的方式进行集中宣传报道，然后在活动的持续中借助不同媒介不断推出相关新闻和报道，最后形成全程的持续宣传。

4.2.1　宣传活动前期的准备

“不打无准备之仗”，活动宣传前的准备是后期工作顺利进行的前提和基础，准备得越充分，后期宣传越容易实施，宣传效果也将向既定的目标靠近。公园文化活动主题相对单一，时间跨度不是很长，而且基本上是常年举办。即使如此，活动的前期工作也要从三个方面着手：制定宣传方案、搜集和准备活动材料、邀请媒体记者。

（1）制定宣传方案

一个高质量的宣传方案，应当主题明确、重点突出，具备可行性。在制定方案前，应和相关的各个部门加强沟通，充分听取意见和建议。落实在稿件发放、人员安排、车辆使用、拍摄场地等等的实施过程中要遇到的问题。注意每个环节的细节，准备几辆接送车，什么稿件应给哪方面的记者，活动何时举行比较恰当，什么时间开始发布新闻等等。另外还要考虑各种不确定因素，做好相应的预案。比如天气原因、参加人数的变化、领导出席等容易变化的因素，给予提前考虑，做到心中有数，把握全局，从容应对。

在编写宣传方案时，首先明确此次活动宣传的背景和目的，确定本次宣传的主题。根据经验，公园组织的文化活动基本上分为两类：

一类是常年举办的主题不变的文化活动，以植物为主题的赏花活动最为明显，如紫竹院公园的竹文化节、圆明园的荷花节、北京植物园的桃花节、玉渊潭公园的樱花节等。另一类是临时举办的文化活动，如景山公园的恐龙展。对于常年举办的文化活动，除第N届 ××× 节，还应给出一个副标题，以突出本届活动内容和特色。标题本身要简洁、朗朗上口，给人耳目一新的感觉，不能给人以听觉或视觉疲劳，从而挫伤媒体宣传的积极性。

其次要明确宣传的内容，更要确定宣传的重点，也就是本次活动最吸引人眼球的亮点在哪儿？特别忌讳将所有活动内容不分大小连锅端，让媒体记者去辨别哪些是大众喜欢并想要知道的。尤其是新闻通稿的编写，要求重点内容清晰，逻辑分明，在表达上要有概括力和张力。

最后是如何安排报道，也就是要考虑何时举行新闻发布会，有没有和其他的活动或时间发生碰撞，导致活动不能在第一时间发布。毕竟公园的文化活动没有国家大事重要，尤其是在北京这样一个集政治、经济、文化综合中心的大都市，每天不知道有多少事关国家、事关民生的事情发生，时间是考虑的第一要素。其他还有：何时发稿，都邀请哪些媒体记者，摄影记者和文字记者如何分开，整个活动期间是否要分阶段宣传，每个阶段都宣传哪些内容等。

公园文化活动是为社会大众提供休闲、娱乐、放松身心的休闲活动。新闻发布会和投稿时间应尽量放在周四或周五，方便公众在周末前看到信息，以便安排周末出行。原因一是周末公众关注出行信息较平日少，二是周一到周三人们处在工作状态，不大关注出行信息。

最后值得一提的，还要将经费预算包含在宣传方案中。天下没有免费的午餐，没有一定的资金投入，无论在实施过程中，还是宣传效果上，都将会不尽如人意。而且一次小小的失误，会给以后的宣传带来障碍。同时要善待媒体，实际上就是善待自己，是媒体给我们提供了起飞的平台。

（2）搜集和准备活动材料

活动材料一般包括在文化活动中各项活动的活动方案、宣传册、新闻通稿、纪念品等。

新闻通稿是活动主办方专门为媒体记者准备的活动信息稿件，其中的内容是媒体对外报道的宣传口径，可以直接引用，也可以在不改变原意的情况下编辑。新闻通稿要求标题醒目，内容清晰，重点突出，文字干练，能传达主办方的宣传意图。

在发布会当天，如果有多个领导或发言人参加，还应准备座签、领导的发言稿等。

为保证媒体在发布的当天能够顺利进入并完成采写、拍摄任务，需要准备车证、工作证等用于识别的证件以及媒体到达时的签到册。纪念品要有纪念意义，不宜过于隆重。

（3）邀请媒体

北京作为全国的首都，既有中央级媒体，又有众多的地方性媒体。聚集了人民日报、新华社、中央电视台、中央人民广播电台、中国青年报等由中宣部主管的传媒机构。同时北京日报、北京晚报、新京报、北京青年报、京华时报、法制晚报、北京人民广播电台、北京电视台等十几家报刊、广播、电视媒体及其相应的网络平台，社区性报纸也慢慢发展起来。每家媒体都有各自的特色和受众人群，我们要根据宣传的目标来选择合适的媒体、合适的板块、合适的栏目记者，做到有的放矢，减少人力、物力、时间和经济上的浪费。

媒体是文化活动宣传的主力，宣传效果如何与被邀请的媒体人员关系很大。首先，要确定邀请媒体的范围。并不是邀请的媒体越多越好，而应本着媒体的宣传效果去选择。北京在这方面具备天时地利人和，中央级的全国范围的媒体比比皆是，对于公园文化活动这样一个地区性的局部的群众性文化娱乐活动，非关乎民生基本需求的重要事件，以及倘若没有重量级的新闻人物参与，这些媒体则不必邀请。即使邀请了，其刊播的比率也是微乎其微的。而公园文化活动本身，也是行业性、专业性很强的文化活动。尽管现在人们的旅游休闲正蓬勃发展，但集中的受惠群体也仅覆盖了一个城市和其相近的地区。因此邀请地方有影响力的媒体或是专业方面的媒体，在深度、广度、持续报道上将具有非常大的优势，有利于活动的宣传。其次，在能否决定发稿的力度上，我们最好邀请通晓行业情况的“跑口记者”，或者是有决定发稿权的部门或栏目领导。第三，随着新媒体的迅猛发展，正在改变着人们获取信息的通道。在注重传统媒体的同时，也要和新闻网站、手机报、移动电视等新媒体建立联系。新媒体报道的广度、深度以及时效性都较传统媒体具有更强大的宣传优势，效果和力度将有一个较大的飞跃。

在邀请媒体时，在活动举办的前两三天就要将活动的具体情况告知媒体记者，以便他们安排时间，避免“撞车”。在活动开始前一天还要再次提醒记者，避免遗忘。同时还要交代活动日程、如何接洽、生活方面小提醒等，以示关心。

邀请后，要制作记者花名册，包括姓名、性别、工作单位、栏目与部门、职务、联系电话、电子邮箱等相关信息，便于互相联系。记者本身的流动性也很大，他们会在各个媒体间来回流动，无论今后是否负责这块的任务，他们都是我们的朋友。都会在今后的宣传活动中给予我们中肯的建议和意见。

4.2.2 活动现场的组织与管理

公园文化活动首次宣传的重点就是开幕式、新闻发布会和活动现场。有效的活动现场组织与管理，是确保宣传活动顺利实施的重要保障。主要包括：媒体的接待、材料发放、全程协助媒体完成采、编、摄的宣传任务以及活动现场的组织协调等工作。

（1）媒体的接待

媒体接待是组织工作中的一项重要内容。在接待过程中能否让记者满意，将直接影响后期宣传目标的实现。这时就要进行换位思考，想他们所想、急他们所急，注重各个工作细节和服务质量，处理好与媒体的关系。

不同媒体，活动信息的刊播版面、时间是不一样的。比如北京晚报一般都是早晨采编摄，当日晚上即可见报。其他报刊都是次日见报，不受到达时间的束缚。电视的播出更强调时间的急迫性，如果要赶在中午时段的新闻节目或其他栏目播放，记者除在第一时间完成人物采访、画面的拍摄外，还要留出时间进行编辑制作、领导审阅等流程，在接待时就要单独对待。而对广播媒体来说，则具有更高的灵活性，可随时提供素材，随时可以播出。针对不同媒体的特点，在媒体接待上就要周密考虑，对于赶时间的媒体要单独有专人负责，不能因顾及不周而延误或丧失最佳的宣传时间。

因此确保记者及时到达活动现场，工作人员要安排好引路、用车接送、签到、并在此期间熟悉所带记者在活动期间的工作任务，是要文字采访、影片拍摄还是两者均要，以便提前安排好相关因素。

另外，无论是对待大媒体，还是小媒体，都要一视同仁，顾及不同媒体的特点和记者本人的性格特征。

(2) 材料发放和媒体采编摄的协调管理

有关活动的背景资料和新闻通稿在记者签到时就发放到他们手中，方便记者预先了解活动情况。如有问题或其他想法，可以提前做安排，以免到时人手紧张，造成慌乱。同时，准备的纪念品以及劳务补贴等也要一起发放。到达现场后，可以先将媒体引荐给被采访的对象，进行相互联络沟通，做好发布会后的采访对接工作。

发布会结束后，根据各个媒体的下一步工作不同，工作人员分散管理，一部分协助记者采访，一部分协助记者到活动现场拍摄。同时和其他部门协调车辆，满足媒体根据其关注点不同需要到不同地点的拍摄需求。

针对采访来说，如果能在发布会前事先沟通好，将记者的采访提纲告知采访对象，可以使被采访者从容应对。也可以将采访对象的要求向记者说明，双方事先沟通，从容应对，避免突然袭击。公园文化活动多是行业性和专业性的活动，除领导和新闻发言人外，在活动现场还可以安排专业人员参加，引导媒体从各方面回应其感兴趣的新闻点。

4.2.3 文化活动宣传的持续性

文化活动的新闻发布会只是拉开了活动的序幕，随着活动的展开，要整合活动资源和媒体资源，形成活动报道的高潮，整个活动全过程的持续宣传，分阶段投稿，邀请不同领域和媒介的媒体，逐渐升温，以达到良好的宣传效应。

（1）新宣传点的不断推出

一项公园文化活动通常持续的时间至少 1 个月，甚至更长。活动内容上也许只是一项有关文化、历史或科普的展览，也许由多项不同的活动组成。无论时间长短，都要从活动所涉及的不同角度、不同侧面挖掘宣传点，才能深入宣传、深化报道，文化活动才能深入人心。

新宣传点的不断推出，要注意阶段性安排，把握好节奏，区分重要信息和一般信息，确保主题鲜明，时刻不离主题词，从而使一项活动的名称深深烙印在受众脑中。

对于一项单一的文化活动可以从活动本身挖掘新闻点、对游客的服务、游客的反映等寻找媒体感兴趣的内容、社会关注的热点。香山公园在 2010 年的红叶节的整个进程中加大新闻宣传力度，从红叶预报、游人数量、香山拾者、文明游园、志愿者服务等各个宣传点向媒体发稿，把握节奏。结合红叶节举办进程和媒体的关注热点，做到了全程、分阶段进行大力度宣传，形成了电视有声音、报纸有图文、广播有声音、网络有消息的立体宣传格局。尤其是关于“香山拾者”的报道，不但反映了红叶节的热烈场面，更从志愿者角度和社会的环保意识出发，呼唤公众素质的提高，引起良好的社会反响，从侧面宣传了香山红叶节。

而对容纳很多活动内容、持续时间较长的文化活动来说，有较多的活动内容作为支撑。此时，就要强化大局意识，统筹考虑。每一项活动都要有人管，确保媒体记者发稿顺利，避免出现疏漏。2010 年的北京皇家园林文化节暨第五届北京公园文化节持续时间长达 5 个月的时间，全北京的历史名园联合开展了“6+1”的组合活动，包括开幕式、首届皇家园林与城市发展高峰论坛、首届皇家园林与城市发展主题沙龙、游客参与和文化展现的“百日百项”活动。北京公园管理中心统筹策划、具体组织单位根据各自的活动进程单独联络媒体，从不同的角度、以不同的传播形式进行了全面的宣传报道，使各个阶段的活动呈现给社会公众。

(2) 媒体报道的跟踪与收集

新闻发布会开完，各媒体记者拿到通稿后，组织方应积极跟进、追踪媒体的报道情况，是活动能否顺利宣传不可或缺的，否则就是虎头蛇尾，竹篮打水。跟踪就是落实媒体是否报道以及何时、在什么版面或栏目刊播。在这个环节上，除新闻部门主动跟踪外，在恰当的时候领导也应进行公关活动，并和媒体保持有效的沟通。这两种公关的力度是不同的，从心里角度讲，媒体感到所受到的尊重自然也有差别。沟通的同时，也是向媒体请教学习的好时机，便于后面的持续性报道，扩大活动影响力。跟踪第二个目的就是及时发现媒体报道中是否有错误的信息出现，以便及时纠正，并和媒体友好协商，恰当处理。

紧接着就是整理和收集各个媒体的报道资料，并将其汇编成册。目的有三：一是对整个宣传报道过程的总结；二是利于今后的资料查找；三是衡量此次宣传效果的好坏，实际上也是对工作业绩的考核。整理收集工作包括报刊杂志的报道剪贴、广播电视播放的录音和录像或光盘、网络宣传的下载打印。如同管理档案一样，在页头注明报道日期、来源即媒体名称、版面或栏目名称，然后一季度或半年装订一次，留作历史资料。有关声像的报道资料，可以用光盘的形式存档。

(3) 宣传活动的总结和评估

宣传活动的总结就是撰写总结材料，包括从宣传方案的制定、宣传内容、媒体报道情况、工作过程中的经验和教训、对今后宣传的建议和想法等。评估可以从是否充分利用现有的媒体资源、活动组织协调是否有漏洞、活动各个方面的新闻点是否充分挖掘以及媒体报道的数量和质量等综合评价。既不能过多褒奖也不能自我贬低。任何评价都是以吸取经验、鼓舞士气、培养创新精神为宗旨。

4.3 公园文化活动宣传的攻略

公园文化活动宣传要达到出人意料的效果，除精心组织活动、主动出击、和媒体保持良好的合作外，使用一些宣传策略，将会扩大宣传效果，媒体也喜欢刊登，企业在激烈的竞争中将更好地存活、发展、提高自身的影响力。

4.3.1 确定合适的宣传媒介

不同的传播媒介，具备不同的优势和劣势。在众多的宣传媒介中，根据其特性选择合适的媒介做宣传报道或做广告宣传，可以用较少的经费得到非同凡响的宣传效果。在媒体选择上，地方性的文化活动应当以地方的主流媒体为主，中央级的媒体就可以不邀请，除非涉及政治性的因素。在地方的媒体中，选择大众最喜欢的报纸杂志、最喜欢的广播频道、最喜欢的电视栏目，毫无疑问，将会做到小投入大产出。

相对广告宣传而言，可以有多种选择：报纸、广播、电视、网络、户外牌示、旗帜、移动电视和车身等等不胜枚举。电视黄金时段的效果最好，但也最昂贵，以秒计费。车身应该是最便宜的，但是只是沿线大众可以获悉信息。但因人们对广告的厌恶心理和审美疲劳，也会影响预期的宣传效果，故要谨慎选择。

4.3.2 把握新闻稿件的写作

在公园或其他行业中，从事宣传工作的人大多不是新闻专业毕业的人才，因此把握新闻稿件的写作是做好文化活动宣传的前提。

新闻稿件要素包含标题、导语、正文以及其他图片、附录等。题目是稿件的精粹，应用简洁扼要且能吸引读者眼球的文字概括出新闻重点和新闻主体。比较复杂的新闻或者比较重大的新闻稿还可加上副标题。导语是新闻稿的首句或首段，是新闻事件的浓缩，应以扼要和简洁的笔触，叙述新闻的要点和事件轮廓。正文是新闻稿的躯干，解释和深化导语，应对导语中提及的内容，进一步解释和叙述事件的细节，使读者深入了解。

实际上，写新闻稿如同策划、管理中遵循的“5W1H”一样，要把这六要素交代清楚。什么时候（When）什么地方（Where）发生的什么事或都有什么（What）、人物是谁（Who）、为什么发生（Why）、怎么发生或怎么回事（How），这样才能让公众了解活动的具体内容并参与其中。语言要简洁，尽量不使用过多煽情的语气，否则就让人产生夸大其词、不真实的感觉。

另外，稿件中的亮点文字要抓住“第一、首次”等字眼，或移用新流行词汇“低碳节日、绿色生活”等。标题更是画龙点睛之笔，在语言的提炼和把握上多下工夫。在新闻界常说“三分之一时间写标题、三分之一时间写导语、三分之一时间写主体”，道出了新闻稿件标题的重要性。

4.3.3 挖掘活动的亮点

挖掘活动亮点就是发现本身看似一般的事物中最与众不同的、新奇的或是平凡中见伟大之处。这样的报道能够吸引人的眼球，产生出其不意的反响。

活动报道成功与否，主要是看能否使人们看到这则新闻后耳目一新、口口相传，迅速在社会中广泛传播，从而提高公众关注度。作为新闻工作人员要具备一双明亮的眼睛和一个会思考的头脑，能发现别人看不到的，能想别人想不到的，这样才能找到活动中的亮点，成为家喻户晓的新闻热点。

新闻亮点以“新、奇、特”为特色，在题目和内容中，主题是最大的亮点，可以统领全篇。运用各种思维模式，通过对新闻素材的反复思索，激发创作灵感，在瞬间找到新闻亮点。曾经有则报道叫“郁金香在树上开花”，轰动一时，引得各路人马都齐聚北京植物园，一观奇景。实际上，这株在北京植物园繁殖培育成功的大树，叫中国鹅掌楸，俗称马褂木，因其叶片就像挂在树梢上的小马褂而得名，而其花的形态则像郁金香一样自立在树上，故英文名字叫“Chinese Tulip Tree”，翻译成中文就是“中国的郁金香树”。

4.3.4 小活动大亮点

单一的文化活动要想全程持续报道，确实有一定难度。如果在主题活动下，策划一些公益性的小活动，在提供了宣传素材的同时，也服务了社会，能够使活动得到持续地宣传报道。例如，赏花对于大众来说不是什么新鲜事，但是对于盲人来说赏花却是“天下奇闻”。在北京植物园便上演了一出盲人“赏”花的好戏。因为植物园在桃花节期间刚刚建了一个“芳香园”，里面的植物全部都是能散发香味，用鼻子闻一闻、用手碰一碰，便能感受到植物特殊的魅力。这时刚好一个残疾人社团要组织一次社会活动，芳香园不就是给他们设计的吗？一拍即合，在他们游园的同时，媒体也记录了这些珍贵的瞬间。媒体的宣传吸引了更多的人来到植物园，社会效益和经济效益双丰收。

4.3.5 找准宣传的时机

公园文化活动宣传的时机要把握两点，一是活动的开幕时间，二是新闻发布会的时间，也就是新闻发稿的时间。时机的准确与否是活动宣传效果好坏、社会公众反映的直接体现。

活动开始时机的选择可以决定宣传能否如愿以偿地达到目标、人们的视线能否在第一时间吸引到活动现场。在公园里，最为明显的文化活动就是早春时节的赏花活动了。基于中国的早春踏青传统文化，哪里的植物先开花，人们就会涌到哪里寻找春的迹象。因此，各个相关活动单位便通过早花品种的培育和技术手段进行催花，使出浑身解数，以便活动能赶在他人之前开幕。

新闻发布会的时间，首先要避开同行业的其他重要活动，避免与其他的新闻发布会“撞车”，否则难以取得良好的宣传效果。其次，选择一个星期的哪一天要考虑社会公众的生活习惯，即他们看报读书时间的选择。周末是最忌讳的选择，而周四周五是最好的选择，正是他们制定周末放松的计划时间。此时见报或广播电视隆重推出，公众当仁不让地被吸引到你这一边。另外，过早容易被人遗忘或者当众多类似信息同时发布时，人们产生的信息疲劳感，均不利于宣传，效果自然也就减半。

4.3.6 契合当前热点来借势宣传

在我国，新闻媒体是党和政府的喉舌，所报道内容是当今政策的延伸和说明。借势宣传是指借时代之势，顺应社会倡导的主潮流，关注社会的热点，也就是文化活动的主题应该是政府提倡的、老百姓喜欢的、媒体也感兴趣的。因此活动主题的选择就要向这些方面靠拢，才能争取更多媒体的宣传报道。例如，由于全球气候变暖、地球环境恶化，整个世界都倡导“低碳生活”，那么我们怎么才能真正低碳呢？北京植物园在 2010 年举办的春节兰花展活动中，就围绕着低碳做文章，布展材料全部是废旧物整新、改造而成，主题也是“植物园是植物的诺亚方舟”兰花大展，新闻点也契合了低碳思想。这些都在引领着人们在赏花的同时，身感自己的社会责任，触动了人们的内心深处。

总之，当今社会是信息激增、高速发展的时代，所有信息都来源于各种传播媒介，人们也越来越依赖媒体所带来的信息。如何借助媒体来达成自身的目标，是我们应该重新审视的课题。通过大众传播媒介的宣传，让公园文化活动为社会、企业同时带来丰厚的回报。

第 5 章　公园文化活动案例及其分析

5.1　花展概述

多姿多彩的花木以其独特的方式深入中国人的文化生活，中国的文化传统也赋予了她们不同的文化品格，寄托了人们对美好生活的向往。北京拥有丰富的公园资源，经过多年的积累沉淀，各大公园都有一种或一类特色鲜明的观赏植物资源，成为最能吸引游人关注的“金字招牌”，而以品赏特色专类植物为主题的游园会、文化节，也是所有公园文化活动中出现最早，数量最多，影响最广的一类。

公园管理中心推出的“一园一品”系列文化活动，正是以各公园传统特色花卉为龙头，整合各大公园文化资源，推出的十项植物文化系列展览，是北京公园管理中心加强文化品牌建设的一项重要举措。公园文化活动形成品牌，不仅能提升公园自身的知名度和竞争能力，还可促进公园多元化发展，获得优势地位，保持长期的发展活力。

每年，公园管理中心下属的十大公园，推出一系列的花卉主题展。兰花是我国十大名花之一，素有“王者之香”的称号，是古今名人、雅士喜爱的花卉，以兰花为品牌的中山公园每年举办兰花展。玉渊潭公园春季举办樱花节，烂漫的樱花最早报告春天的信息。以桃花为品牌的北京植物园四五月份间举办桃花节，60 多个品种万余株色彩艳丽、花型各异的桃花竞相开放，中外游客能在桃花节欣赏到国内最多的桃花品种。四月份，景山公园内近三万株牡丹竞相盛开，展出的牡丹雍容华贵、富丽端庄，自古以来享有“花中之王”、“国色天香”的美誉。

以荷花为品牌的北海公园在七八月份举办荷花展系列文化活动。以竹为品牌的紫竹院公园每年七、八月举办竹荷文化艺术节。以菊花为品牌的陶然亭公园秋季菊花展，数十种菊花及花坛造型，烘托"一醉一陶然"的秋色。颐和园以桂花为品牌，花期正值中秋，有"独占三秋压群芳"之誉。天坛公园有古树3500余株，有1100株树龄在300年以上，还有诸如迎客柏、九龙柏、问天柏、莲花柏、柏抱槐等树形奇特柏树，9月下旬举办古柏文化展。香山红叶驰名中外，是首都秋季最靓丽的一道景观，每到深秋时节，数以万计的中外游客齐聚香山，共赏秋色。

由于北京特殊的政治地位，经常举办大型节庆展览，近年来，举办了多次大型的花卉和园艺展览。如迎接2008年奥运会召开，庆祝建国六十周年，各大公园都有大型的花展，积累了丰富的经验，提高了承办花展的艺术水准。随着北京迈向世界城市的进程中，与国际交往的加强，花卉展览的规模和布展水平都会有长足发展。

5.1.1 北京植物园桃花节暨世界名花博览会

北京植物园的桃花节从1989年开始举办，迄今已举办了22届，开创了国内以植物为主题开办大型文化活动的先河。

植物园是活植物的博物馆，是生物多样性研究和保护的基地，不但承担着改善城市生态环境、美化城市和提高城市品位的功能，以及为公众提供游览、休憩、观赏、娱乐、健身和社交活动的场所，还承担着为社会公众普及科学知识的功能。因此，北京植物园桃花节将不同于其他的历史名园、文化公园等综合或专类公园所组织的文化活动，人们在欣赏繁花似锦、优美景观的同时，也获取了知识，更陶冶了心灵。

(1) 北京桃花节到世界名花博览会的演变历史

1989年的4月中到5月间，在北京市领导的倡议下，为满足人们春天到郊外踏青、赏花的愿望，北京植物园充分利用自身的植物资源，举办了第一届北京桃花节。它是全国范围内的第一个以植物为主题的专类文化节，由此拉开了每年一度的北京桃花节序幕。

1989 年至 1999 年桃花节概况　　表 5.1–1

植物欣赏	以优美的自然景观展示丰富的植物资源，以观赏桃花为主，迎春、连翘、牡丹、芍药、月季、海棠、丁香等春季花卉作为衬托，形成花的世界
景观布置	利用中国传统文化设置各种人物造型小景点，如"人面桃花"、"林黛玉重结桃花社"、"桃花源"、"桃园结义"、"桃花扇"、"咏桃花诗词石刻"等，营造桃花源意境
园容气氛烘托	以悬挂横幅、标语、吊放气球，插彩旗、制作人工绢花架等为主的热烈气氛
文艺活动	开展富有民族特色的文化活动，"安塞腰鼓"、"秧歌队"、"扇舞"、歌舞杂技等文艺演出和趣味体育等娱乐项目，使游客在赏花的惬意之余，又感觉到文艺娱乐活动带来的欢乐
展览、展示	举办诗画展，邀请诗人和画家当场赋诗作画，和游人互动
科普活动	组织插花艺术表演、植物科普图片展览等富含植物知识的科普活动

从 1995 年开始，桃花节的主办方逐渐减少了人工景点和文艺演出的投入，以赏花为主。2000 年以后，亚洲第一大热带植物温室建成，为游人提供了具有异国风情的观赏热带植物的最佳场所，使桃花节的活动上了一个新台阶。除了传统的花卉欣赏外，在主游览线大量运用了植物花坛、花带、花境、花堆的园林造景手法营造环境，彻底摒弃了人工造景的环境布置方式。2004 年第十六届桃花节，首次亮相的"世界名花博览会"。除传统的赏花外，在整个区域内布置了以报春花、球根花卉等为材料的花坛、花带、花堆、小品等，花团烂漫，将植物园装点成花的海洋和一派欧式风情。同时，增加科普活动设施，趣味性和互动性让孩子们乐不思归。还组织植物科普图片展、热带雨林植物展、红楼植物展、迎春盆景展、动物化石展、书画展等雅俗共赏的文化活动等。

自此以后，"北京桃花节"和"世界名花博览会"并驾成为北京以植物为主题的文化活动的一大盛会，到 2010 年止，已举办了 22 届北京桃花节和 7 届世界名花展。

(2) 桃花节的特色

1) 观赏植物品种、数量由少到多，展览区域由专类园扩展到全园。

由最初的 20 个桃花品种增加到近 70 个品种，数量由 3000 株增加到万余株，形成了桃花坡、桃花岭、桃花林、桃花径，真正把植物园变成一个名副其实的桃花源。早花与晚花品种的引种、培育，使活动时间增加了 30 天左右。同时玉兰、樱花、海棠、丁香等与之衬托，国色天香的牡丹、欧洲风情的郁金香、优雅的月季竞相媲美，色彩夺目，令人流连忘返。

到 2008 年，桃花节布展面积达 $2hm^2$ 多。共展出球根、宿根花卉 100 万余株，草花及芳香植物 200 多个品种 20 余万盆和 $50hm^2$ 的草坪为游客提供了踏青赏花的优美环境。

2）景观布置由人工化气氛营造的减少向植物题材布展的增加进行转变。

举办一场大型文化活动，场地布置和气氛营造不可或缺。时间的不同，资金的限制，所采用的材料和布展方式均会有所变化。每年都有不同的文化主题来体现桃花节的意境和文化点，无论如何，桃花是永远不变的主题，所有布展都应围绕桃花进行。

1998 年以前，以悬挂气球和条幅、搭建人造彩花的华表式牌坊、绑扎娟花的花架为主。结合中国传统文化，塑造“人面桃花”、“林黛玉重结桃花社”等人物造型、布置桃花诗词石刻和“桃花夹岸”来体现桃花源的意境。

1999 年以后，资金投入增大，减少了人工化的布景方式。通过丰富植物种类和数量，在主要游线、重点区域以及联络线上采用更丰富的园林景观设计手法，如花坛、花带、花堆、花境、立体装饰、花车、花槽等多种形式布置，全部采用植物材料，让游客完全置身于花的海洋之中。

3）科普活动由基本的展板形式到融趣味性和互动性的高层次的科普形式。

早期的科普活动仅限于植物知识展板介绍、知识问答、插花表演和书画展览、植物猜谜、印制诗画册等活动。如建造桃文化廊，介绍桃花的品种、历史等植物学知识和桃花文化。

科普馆建成后，除展示精美的科普展板外，增设了参与性的电子触摸屏、“造纸工坊”、会动的模型、多媒体触摸屏等科普设施，通过专题讲座、科普咨询、中小学生科普一日游等具有高档次的科普活动，吸引更多人参与其中。以游览为科普特色的热带风情科普游园会、暑期科普夏令营为孩子们所喜爱。

与自然融合在一起的植物科普牌示系统扩大了植物科普的力度。蝴蝶园的生态科普展更是将知识性、趣味性、科学性、教育性融为一体，打造成一个浓缩的“小自然”。人们在亲近自然的同时，感受人与自然的和谐共处，愉悦轻松地接受知识，从而提高人们珍视生命，爱惜自然，保护生态环境的意识。

4）由群众性文艺活动的淡化到纯粹的、高雅的赏花休闲。

群众性文艺活动是吸引公众参与的重要手段，满足不同层次游客的需求。开办桃花节的前十几年，组织了系列文化活动，大体分为“威风腰鼓”式的民间文艺表演、健美操、投篮、跳绳等群众娱乐健身活动、梦幻排球等儿童喜爱的游艺活动，以及风筝、航模、赋诗作画、摄影等专业特色活动。确实使游客在赏花惬意之余，又感受到娱乐项目带来的欢乐。同时，也会加大投入资金，且与桃花节主题相去甚远，文化层次无法得到提升。因此娱乐活动逐渐淡化，逐渐退出了植物主题的文化活动。

运用各种植物题材举办文化活动，不同于传统的庙会、灯会、游园会，植物之美与在自然融为一体，其更具清幽高雅。随着保护自然、保护环境、保护生物多样性的意识在当代人变得越来越强，桃花节恰恰为植物园承担这一重要使命提供了平台。用丰富的园林布展手法展现美丽的自然生态景观，使心与自然之美融合；用寓教于乐、互动的高层次科普活动，使知识在无声无息中徜徉于脑海中。真正使人在欣赏花卉的同时感受大自然的魅力，不自觉地进入“欣赏和教育并举，知识与心灵共鸣”的享受之中。

（3）活动评价和总结

1）文化活动的开展，为植物园的发展提供发展机遇，加快了植物园的建设。

通过收集国内外的桃花品种，增加展示内容，碧桃园已成为世界上品种最全、数量最多的花卉专类园。而且在景点和基础设施上也有了显著的提升。如科普馆与热带植物温室的建成、曹雪芹纪念馆修缮，停车场、道路、游人设施的增加等，丰富了活动内容，改善了游览环境，相得益彰。

2）文化活动的举办提高了植物园的知名度和影响力。

通过新闻发布会、报刊、杂志、广播、电视、网络等各种形式的宣传，为植物园赢得了良好的声望，吸引了更多的社会大众来到植物园，成为北京最受百姓喜爱的游览胜地之一。

3）文化活动增加了植物园的经济效益。

活动期间，首届（1989 年）桃花节的综合经济收入为 1988 年同期的 5 倍，以后每年同期的游人数量和综合收入都大幅度提高，最好的一届达到 200 多万人，收入超 600 万。

5.1.2 北京植物园市花展

"荷尽已无擎雨盖，菊残犹有傲霜枝"、"谁道花无百日红，此花无日不春风"，这两句脍炙人口的诗句描写的是北京市的市花菊花和月季。菊花和月季自古就深受我国人民的喜爱，在中国有着悠久的栽培历史和深厚的文化内涵。同时，我国丰富的月季、菊花种质资源也为世界园艺发展做出了巨大的贡献。为了进一步弘扬菊花、月季文化，丰富国庆节文化活动，北京市植物园从 1993 年开始举办市花展，迄今已经成功举办十八届。

（1）市花展发展概略

1993 年，北京市植物园已经完成月季园及绚秋苑两个专类园的建设工作。月季园占地 7.6hm^2，种植蔷薇属植物 1000 余种（品种），是我国北方地区最大的月季专类园。绚秋苑占地 6.16hm^2，主要种植银杏、栾树、元宝枫等乔木，配以观叶、观果灌木和松柏、菊花，突出秋花、秋叶、秋实，重点渲染秋天的绚丽多彩。于是，植物园具有了得天独厚的条件专门为两种市花举办文化活动。

1993 年 9 月 28 日至 10 月 31 日，第一届市花展在植物园正式举办。活动以月季园及绚秋苑两个专类园为主，利用现有的月季花，再栽植

20000 余盆菊花，布置了“姊妹双娇”、“秋林绚彩”、“澄湖映秀”、“菊塔迎辉”等景点，同时利用展板进行宣传和举行一些猜谜等文化活动，在老温室内举办了月季、菊花精品展。展览期间，通过插彩旗、挂红灯、贴横幅等方式增加节日气氛。活动还制定了详细的安全保卫预案、经营方案、管理方案，最终取得了圆满的成功。

自此之后，植物园于每年秋天举办一届市花展，各届市花展都小有变化。

第二届市花展（1994 年）增加了插花展和盆景展，第三届（1995 年）市花展增加了瓜果展示；第七届（1999 年）市花展期间，北京植物园新的展览温室已经建成，展览的范围扩至新的温室，科普馆也同时举办一些展览和科普活动。这一届市花展花卉的类型开始增多，出现观叶植物。第八届（2000 年）市花展正值北京申奥，因此用花量增至 25 万余株（仅菊花），景点布置出现了奥运信息如“申办奥运”大型花坛。

第十三届（2005 年）市花展菊花布展中心开始增加了展览温室前广场，所用花材也大量增加了经过花期处理的标本菊、大立菊、塔菊等精品菊及其他新优时令花卉，总用花量达到 10 万余株（月季除外）。景点布置也从单个布置转向整体考虑，单独的小景点逐渐被大景区所取代。从 2007 年（第十五届）开始，又增加了杨柳区布展中心，布置大型综合花坛。展览期间，盆景园、科普馆、老温室、黄叶村等也积极组织各种文化活动，使市花展更加丰富多彩。这种格局基本保持至今。

（2）市花展的布展特色

在 2006 年前的各届市花展中，非常注重景点的布置，平均每年 8～10 个，主要花材为月季和菊花，后期也慢慢加入一些色彩艳丽、观赏价值高的应时花卉。此后，市花展的布展特点有所变化，布展重心从小景点布置转向大景区布展。总体来说，市花展主要有以下几个大的区域：

1）入口迎宾区

每届市花展都非常注重植物园门区及月季园入口处的布置。门区除了插彩旗、挂横幅、吊放气球等装饰，一般都要以各类型菊花为主要花材布置一个景点，以增加节日气氛。如第一、二、十届市花展都在门口布置了喷泉花坛。若当年有重要的政治活动，则景点布置会结合当年形势来进行布置：如第七届市花展恰逢建国 50 周年，则在门口布置了大型宫灯景点“喜庆乐章”；第八届市花展正好是北京申办奥运会的时候，于是布置了“申办奥运”大花坛。第十届市花展恰逢召开中国共产党十六大，于是布置了“万众一心”大型花坛。

2）月季园展示中心

月季园是市花展的第一个展示中心，规模大，月季品种多，又有大型音乐喷泉，是市花展的核心区域之一，主要以月季为展示重点，有时布置一些菊花形成月季、菊花“姊妹争艳”的效果。其入口处一般以拱门的形式布置花卉形成彩虹门来迎接宾客并将其自然引入园中。

3）绚秋苑展示中心

绚秋苑是菊花展示中心，历届花展的菊花景点都布置在这一区域。绚秋苑既有平坦的草坪、又有起伏的地形，还有清澈的湖水，非常适宜布展。历届花展充分利用绚秋苑的有利地形，结合草房、花车、瓜果、枯树等辅助展示工具，布置了很多优秀的景点。如在澄碧湖中心岛上布置高低错落的菊花形成“菊花岛”；在澄碧湖北岸入口处用悬崖菊和各色菊花布置“澄湖映秀”景点，形成五彩缤纷的倒影；再用三个轮胎满载月季、菊花自由飘荡在湖面上，形成“碧波花舟”的流动景观。在绚秋苑宽阔的草坪上也布置了很多精品景点如“东篱菊院”：搭制古朴木屋并围以竹篱形成小院，院内外遍栽菊花，花间置石桌石凳，游人一边饮菊花茶，一边远眺香山美景，亲身体验“采菊东篱下，悠然见南山”的闲情；“花车溢彩”：三辆造型别致的木制小车，车上满载着月季和菊花，围绕花车用菊花摆放成流线型图案，如同花溪轻淌；“碧空繁星”：用菊花摆成 8 个 1～1.5m 高的蘑菇形花伞，在绿草的映衬下如繁星闪烁。

4）展览温室前广场及中轴路展示中心

从 2005 年开始，市花展又增加了温室前广场展示中心，主要展示各种造型菊及经过催花处理的标本菊。孔雀造型菊、塔菊、大立菊、悬崖菊等造型菊，花头多而密，造型逼真，充分展示了我国传统精湛的菊艺水平。布展时结合原有绿地用各色小菊及时令花卉组成曲线自然的色带，营造出欢快热烈的气氛。

在中轴路两侧利用旱河、岩石等原有地形特点，沿路展示各色悬崖菊等，利用菊花将各展示中心有机地联系了起来。

5）杨柳区展示中心

2007 年北京迎奥运气氛非常浓郁，第十五届市花展也充满了奥运气息，将杨树林区域开辟为又一个展示中心（并成为第十五届市花展主景区）。该展区以北部绿地的奥林匹亚山（菊花山造型）和南部绿地的“奔向奥运”为主景，以菊花花带和连续的体育造型组成的“奥运历史长河”为纽带将两景结合于一体。整个展区既有精品景点，各景点又紧密联系形成一个辉煌的大展区。主要景点有：

“奥林匹亚山”：以悬崖菊堆成山体形状，代表奥林匹克运动的发祥地奥林匹亚山。

“奔向奥运”：以多组花卉立体造型的矩形拱门按照直线排列，强调透视效果，远端的视线焦点为“舞动的北京”立体造型。

“奥运历史长河”：以盆栽小菊布置成蜿蜒的花溪景观，花溪由“奥林匹亚山”一直奔向 2008 北京奥运，花溪之中布置体育运动造型，向人们展示奥林匹克运动会的发展。花溪由“奥林匹亚山”起源至“奔向奥运”结束，以花带的形式将两处景观联系起来，象征北京与雅典两座古城在千百年的风雨洗礼之后，终于在奥林匹克精神的召唤下携手走到一起。

6）盆景园

为配合各届市花展，盆景园每年秋天举办精品菊花展及大丽菊展。

（3）市花展的文化活动及经营活动

市花展刚创办时，每年组织一些游艺性的经营文化活动，如抬轿子、激光打靶、有奖转盘、套圈、飞镖等，还专门开辟出了一条商业街，出售花、鸟、鱼、虫及小工艺品，有时还在大门口组织扭秧歌表演。但随着公园管理的日益规范，这些活动到 20 世纪 90 年代末期已经全部取消，目前只在专门的经营网点出售一些小食品及小工艺品。

（4）市花展的作用及效益

北京植物园市花展在其所走过的十八年光辉历程中，不断变化不断发展，展示中心由最初的两个发展到了五个，景点布置也从单个景点独立布置发展成大景区布展，展示水平明显提高。

市花展不仅为北京市民提供了一个全方位多角度学习市花、了解市花的平台，也为人们增加了一个秋天赏花、欢度国庆的好场所。对植物园来说，通过举办市花展，增加了游人量，提高了经济效益，而且，取得了非常好的社会效益，使植物园在管理水平、布展水平、植物养护水平方面都得到了显著提高，并让更多的人有机会来了解植物园，增强了植物园的社会影响力，提升了植物园的美好形象。

5.1.3 北京植物园"五环连五洲"世界花卉展

百年奥运，中华圆梦。2008 年第 29 届奥林匹克运动会和第 13 届残疾人运动会在北京举行。亿万中华儿女的奥运之梦终于实现。为了给奥运会、残奥会营造热烈祥和、鲜花簇拥的欢乐气氛，为世界各国的嘉宾和国内外游客创造沟通了解、增进友谊、共创和谐的机会，北京市公园管理中心决定在奥运会和残奥会期间，在北京植物园举办"五环连五洲"世界花卉展。

（1）展览方案的策划

奥林匹克五环是奥林匹克运动的标志，象征五大洲和全世界的运动员在奥运会上相聚一堂，充分体现了奥林匹克主义"所有国家—所有民族"的"奥林匹克大家庭"主题。五大洲代表着全世界的国家和地区，用花卉这种充满人文精神的材料，将全世界各国的文化、地理、植物用艺术的形式在同一个地点展示出来，这无异于一场花卉的奥林匹克盛宴。于是花展定名为"五环连五洲"世界花卉展，旨在用植物和花卉来表现世界各国的文化和特点，用花卉将全世界各民族和谐地聚集在一起。

奥运大家庭有 205 个成员国或地区，什么植物最能代表这些国家或地区？国花国树自然是首选，因为国花国树常被视为一个国家或者民族的象征，往往与各国自然环境、传统文化密切相关。另外，许多国花国树不仅具有经济价值，还承载着生态价值和文化价值。各国运动员在异国他乡看到本国的国花国树有宾至如归的感觉，普通公众也可以通过国花国树及其背后的故事了解该国人民的文化和思想。花展最终确定以国花国树为中心，辅以其他经过严格挑选的应时花卉来布置富有北京奥运特色的景区景点。

按照地理区划，展览分为八大展区：亚洲展区、欧洲展区、非洲展区、大洋洲展区、美洲展区、中心展区、科普展区及残奥花卉展区。

亚洲展区、欧洲展区、非洲展区、大洋洲展区、美洲展区集中展示各国或地区的国花国树及当地的著名花卉，并根据各州的特点在色彩上给予区分。如大洋洲的花卉以蓝色、白色为主，欧洲区以冷色系花卉为主，亚洲区以黄、橙色系为主。

中心展区主要表现“同一个世界，同一个梦想”的主题，以暖色系花卉为主，表达热烈、欢乐的气氛。

科普展区布置在室内，以展板及实物的形式主要从国花与文化的角度展出五个方面的内容：“环球花卉之旅”、“五环连五洲”、“国花与文化”、“奥运脚步”、“花舞中华”。

残奥花卉展区是专门为残奥会而布置的独立展区，所用设施及植物材料都充分考虑到残疾人的身体状况，如盲文牌示、无障碍坡道、植物种植高度等。

（2）展览体系结构如图 5.1–1 所示。

（3）展览内容及景点布置

“五环连五洲”世界花卉展被列为北京市奥运系列文化活动之一，展期 2008 年 7 月 8 日至 2008 年 10 月 8 日。整个展区占地 10hm^2，用 1000 多种（品种）100 余万株植物材料布置了立体花坛、园艺小品 60 余个，用植物诠释了“绿色奥运、人文奥运、科技奥运”的科学理念，体现了“更快、更高、更强”的奥运精神。具体内容如表 5.1–2 所示。

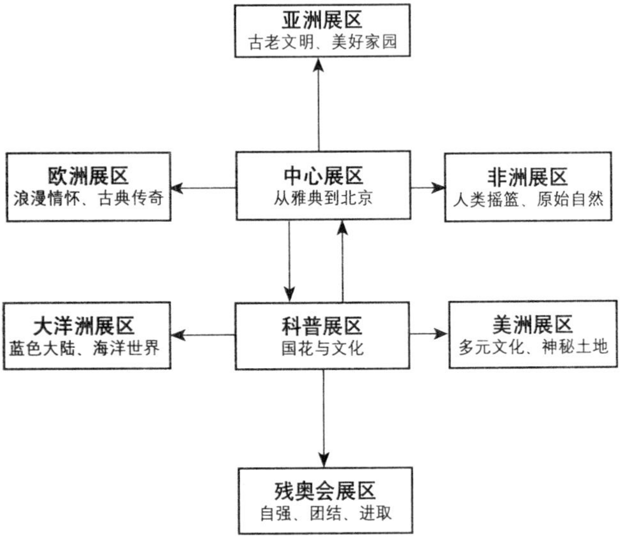

图 5.1-1 世界花卉展览体系结构图

“五环连五洲”世界花卉展内容和景点 **表 5.1-2**

展区（地点）	主题造型	内容
植物园南门区	“五环连五洲”	在南门区用五种颜色的花卉制作成五环，用红绿两种颜色的五色草镶嵌成世界地图的背景，再用黄豆粘贴成“五环连五洲”中英文字体，表达了奥运将五大洲人民紧密联系在一起的寓意
植物园东南门区	欢欢、乐乐	用蚕豆制作的大型立体造型福娃“欢欢”和福牛“乐乐”，将奥运会和残奥会的吉祥物联系在一起，寓意双福临门、欢乐奥运
美洲区	西部牛仔、印第安人头饰	用五色草、半柱花、金叶景天、细茎针茅等植物制作而成西部牛仔造型，同时将印第安人头饰中的羽毛形状和颜色用植物材料加以表达，形成模纹花坛的效果。并布置了糖槭、洋金凤、月季、向日葵等美洲国家的国花国树，充分体现了美洲风情
欧洲区	浪漫庭园	利用绿篱围合的空间布置成欧洲庭园式小花园，在绿篱前、林荫下和规则式道路两侧布置混合式花境，体现欧洲古典与优雅的花园特色。展区内还有欧洲橡木酒桶的花卉立体造型（橡树是很多欧美国家的国树，具有重要的价值）。展区栽植了夏栎、欧洲白桦、月季、香石竹、铃兰等欧洲国家的国花国树，还应用了薰衣草、迷迭香、芸香、亚麻等原产欧洲的花卉，以体现欧洲特色
亚洲区	石灯笼、陶罐	通过石灯、陶罐等立体花卉造型，表达亚洲的古老与文明。陶罐是西亚庭园中常见的小品，展区一立一卧两个植物陶罐与水流式的花卉布置相得益彰。石灯是东方园林中的饰品，布置在路旁显得端庄古朴。展区布置了天女木兰、木槿、荷花、菊花等亚洲国家的国花国树，配以鸡冠花、千日红、桂圆菊和凤仙花等原产亚洲的花卉，体现东方特色、亚洲风情

续表

展区（地点）	主题造型	内容
大洋洲区	热带鱼、帆船	大量种植蓝色和白色系的花卉，形成海水和浪花击撞的音符。海洋中跳跃着用各色植物材料制作的热带鱼、帆船造型等，增添了热闹欢快的气氛。展区还布置金合欢、鸡蛋花等大洋洲国家的国花国树
非洲区	木雕、多浆植物、沙漠	布置非洲木雕和各类多浆植物，种植猴面包树、千岁兰、生石花等原产非洲的珍稀植物，表面用沙石覆盖，让人有置身沙漠的感觉。还布置椰子、油棕、咖啡、凤凰木等非洲国家的国花国树，展示了非洲多样的植物及多彩的文化
中心区	雅典神庙、中国长城、体育运动造型	是花展的核心部分。雅典神庙高达9.5m，长城长达20m，由五色草、景天等植物材料装扮而成，体量庞大、气势宏伟。展区入口处竖立三组大型立体运动剪影墙，还有10余个体育运动造型和各色花带将雅典神庙与北京长城有机地联系起来，表达了奥运会112年从雅典走到了北京的光辉历程。另外，花带中穿插着奥运会举办国的国花国树及代表性植物，既表达了奥运会的主题，又丰富了文化内涵
残奥会展区	残奥会会徽、盲文指示牌	充分考虑残疾人士的需求，沿路设置木质栏杆，布置芳香植物，用中文、拉丁文、盲文撰写植物说明牌，使残疾人士能近距离欣赏
科普展区	“五环连五洲”全景图、实物、展板	以全景图及展板、实物的形式以洲为单位介绍了五大洲203个奥运成员国或地区的国花国树及代表性植物，同时简要介绍了各国的概况，双语介绍，图文并茂。另外，充分挖掘了国花国树背后的故事，搜集并展示了与国花国树相关的食品、药品、饮料、木材、邮票等实物材料，并简要回顾了现代奥运会的发展历程

（4）展览特点及效果

“五环连五洲”世界花卉展用花卉这种充满人文精神的材料，通过布置花坛、花境、园艺小品、科普牌示等将世界各国的文化、地理、植物用艺术的形式表现出来。花展期间共接待来自海内外的嘉宾20余万人次。这其中有奥运会官员，有前国家领导人，有国内外的运动员，有残奥会代表团成员，有专家学者，为世界各国的嘉宾和国内外游客创造了沟通了解、增进友谊的机会。

5.1.4 北京植物园“盛世华章”国庆花展

“国泰筑辉煌，民安享和谐”，2009年秋天，值新中国六十华诞之际，北京市公园管理中心在北京市植物园举办了“盛世华章”大型花展，旨在庆祝中华人民共和国成立六十周年，展示北京公园行业的建设成果。花展以“盛世华章”为主题，选用花材300多个种（品种）60余万株，布展总面积20000m^2，通过多元化的造景手法，以丰富的植物材料进行景观布置和园林造景，布置了 8 组 20 座大型立体花坛，营造出繁花似锦的花卉海洋，奏响了与祖国同庆的盛世华章。

(1) 展览方案的策划

本次花展专为新中国 60 华诞，又逢北京植物园第十七届市花展，因此花展在设计时便明确了以下三个思路：庆祝新中国 60 华诞，营造节日气氛；以民族团结为主线，以盛世华章为主题；以月季、菊花为核心内容，大力宣传北京市市花及其文化。

花展在室外布置上强调“两点、两线、两面”：“两点”即植物园南门和东南门两个主要入口的景点布置；“两线”即从植物园南门—杨树林—展览温室以及植物园东南门—月季园—杨树林—展览温室两条主要游线；“两面”指杨树林区域及展览温室周边两个主要展示中心。

杨树林区域是本次布展的中心展区，面积达 10000m^2。该中心以“华彩乐章”为主题，以“龙腾中华”为起点，布置了“民族团结”、“福满神州”、“乘风航行”等大型立体花坛，并有机地将各种民族元素凝结在花坛之中，再加上大面积的地栽花卉姹紫嫣红，线条流畅，汇成了祖国 60 华诞的华彩乐章。

(2) 展览体系结构如图 5.1–2 所示。

(3) 展览内容及景点布置

“盛世华章”国庆花展布展面积达 20000m^2，用花 60 余万株，布

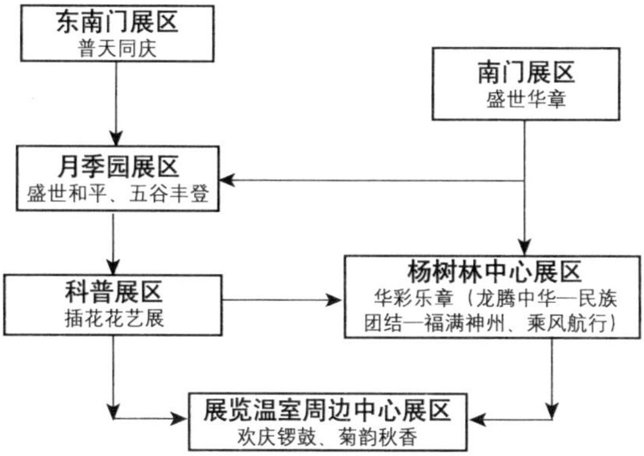

图 5.1–2　国庆花展体系结构图

置了 8 组 20 座大型花坛，另外在科普馆还布置了插花艺术展，用花卉展示了祖国欣欣向荣的繁荣景象，表达了园林工作者对祖国的深深祝福。景点布置如表 5.1–3 所示。

“盛世华章”国庆花展景点布置表　　　　**表 5.1–3**

展区（地点）	主题造型	内容及方法
植物园南门区	盛世华章	长 12m，高 5.3m，用红色五色草组成造型流畅的“中国结”主题墙，红色四季秋海棠和黄色景天插制出一组锣鼓，主题字幕“盛世华章”由黄色彩叶草镶嵌而成
植物园东南门区	普天同庆	高 6.5m，用紫叶紫花的四季秋海棠制作成一对翱翔长空的凤凰并形成“60”造型；用彩叶草、小菊和景天类植物组成人物造型花卉景墙，寓意全国各族人民紧密团结，共庆祖国华诞
杨树林区	龙腾中华	在南门广场和杨树林之间的道路两旁，以两座植物华表为起点，整齐排列 10 座图腾柱，柱上展示了我国 56 个民族独具特色的图腾图案。路的尽头一条 8m 高腾空而起的巨龙形成了令人震撼的障景，舞动的巨龙象征着中华民族的腾飞和祖国的繁荣
	民族团结	立体花坛中心为以一面由三棱柱体组成的旋转花墙，高达 9m，能定时变换画面，体现出新中国成立以来我国日新月异的面貌。红色飘带勾勒出群山轮廓，与远处绵延的西山遥相呼应，底部的流畅花纹代表各民族心连心，映衬在山体上的“民族团结”直接表明本景区的主题。花坛运用四季秋海棠、五色草、景天类等多种植物材料制作而成
	福满神州	花坛高 6.5m，中央为巨大的“福”字，由身着盛装、欢乐的民族歌者和豪放的火把舞者变化而成，寓意天、地、人和谐共存，福满乾坤。福字周围的方框上 56 颗红心彼此相连，象征着 56 个民族共筑幸福美好的家园。花坛由五色草、景天类、四季秋海棠等多种材料插制而成，色彩丰富
	乘风航行	花坛主景为一艘高达 5m 的乘风破浪的龙舟，航行在花海中，船上刻画着来自宝岛的民族图腾，象征着两岸同胞齐心携手，满怀憧憬，共同开创美好未来。立体装饰材料主要有四季秋海棠、彩叶草、景天类和五色草，地栽花卉有一串红、金光菊、小菊等
展览温室周边展示中心	欢庆锣鼓	花坛主景为高 6.4m 的“鼓”造型，用红色五色草、金叶景天、四季秋海棠等植物材料插制而成。鼓面上菊花与祥云的图案表达了福运连绵的寓意
	菊韵秋香	在温室前绿地中展示标本菊、多头菊、大立菊等各种精品菊花，充分体现了我国高超的菊花栽培技艺、悠久的赏菊历史和深厚的菊文化
月季园展示区	和平盛世，五谷丰登	花坛呈扇面形，一头昂首奋进的耕牛拖着身后如山的瓜果，高高的粮囤上挂满玉米谷物，累累的硕果与菊花的芬芳令人沉醉在丰收的年景中，四周“和平”月季的醇香，让人陶醉在一派和谐美景之中，体现着祖国的繁荣昌盛，也象征建国 60 年来所取得的丰硕成果
科普展区	插花花艺	在科普馆内展出以菊花和月季为主要花材的插花花艺作品，展示我国传统插花艺术及月季菊花的文化内涵

（4）展览特点及效果

“盛世华章”国庆花展创造了植物园历年花展之最，规模可与2008年奥运花展相比，布展水平也有了新的突破。整个展览通过气势宏大的花坛和数百种花卉体现了“盛世华章”的主题，营造了“普天同庆”的热烈气氛。展览中还搜集展示了我国56个民族的图腾，反映了各民族的独特文化，同时打造了“和平盛世”的和谐景象。展览得到了社会各界及广大游客的普遍赞誉，有力提升了植物园形象。展览期间植物园共接待游客30余万人次，取得了一定的经济效益和良好的社会效益。

5.1.5 第七届中国花卉博览会花卉科技展

花是美的化身，是美好幸福的象征，这是全世界共同的语言。中国是世界上花卉种类和资源最丰富的国家之一。赏花、爱花更是中国人的传统美德，各种花都以其独特的方式深入中国人的文化生活，中国的文化传统也赋予了她们不同的文化品格。中国的花卉业随着国民经济的快速发展取得了很大的进步，花卉新成果及新品种不断涌现，各种展览也层出不穷，以满足人们不断增长的花文化需求。

中国花卉博览会是目前国内规模最大、档次最高、影响最广的国家级花事盛会，旨在集中展示中国花卉产业的丰硕成果，促进中外花卉产业的交流与合作，被誉为中国花卉界的“奥林匹克”。每届花博会都设有科普展示区，在第六届花博会之前一般采用纯展板的方式进行展示，效果不是很理想。第六届花博会开始尝试用综合方法进行展示，配合展板使用了幻影成像及视频等多媒体技术，也布置了实景、实物展品，取得了较好的展览效果。第七届中国花卉博览会2009年9月26日至10月5日在北京市顺义和山东青州举办，是迎接建国60周年的献礼工程。此次展览专门设置了花卉科技馆，由北京市植物园具体承办布展任务。

（1）展览方案的策划

花卉科技馆是第七届花博会最有特色的专题馆，建筑面积

$4300m^2$，布展面积达 $2800m^2$，整个展区呈一个回字形。展览具有临时性，展期只有 10 天，但展期正值国庆黄金周期间，每天游人量预计能达到 10 余万人。整个花博会是个花的海洋，人们自然对美轮美奂的鲜花更感兴趣，要把游客吸引到花卉科技馆来并能作适当停留，需要创意独特的展览方案。

经过布展项目组的努力探讨，最终形成了一个主题明确、脉络清晰、内容丰富的展览方案，简称为“一、二、三、四”。

“一个主题”：方案确定以“花卉世界之旅”为主题，利用时光隧道的形式，穿越花的过去（花的起源）、花的现在（花的文化）、花的未来（花的科技）。

“两种方式”：展示花卉的新科技和用新科技展示花卉。随着我国经济的快速发展，花卉业的发展也日新月异，花卉科技馆的展览务必要将人们在花卉产业方面所取得的最新成果展示出来。另外，花卉科技馆的布展手法必须要有所创新，将近年来的最新科技展示手段与传统展示相结合，才能取得事半功倍的展示效果。

“三处实景”：以食虫植物、多浆植物及兰科植物布置三处实景来柔化、缓冲硬质材料布景。食虫植物形态奇特，本领高强；多浆植物憨态可掬，生命顽强；兰科植物深谋远虑，智慧超群。这三类植物由于其独特的个性，深受人们的喜爱，由它们布置的实物造景，往往成为展览的焦点。

“四个展区”：由于展馆面积较大，方案确定分为四个展区：生命之花展区、魅力之花展区、人文之花展区及科技之花展区。四个展区分别展示“什么是花”、“花为谁开”、“花和你我”、“花的未来”四个方面的内容。

（2）展览体系结构如图 5.1–3 所示。

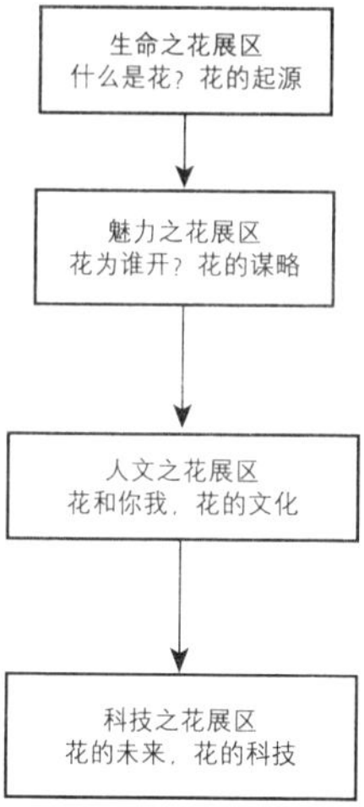

图 5.1–3　第七届花博会展览体系结构图

(3) 展览内容及形式的确定

花卉科技馆布展面积达 2800m^2，需要有丰富充足的展览内容。布展项目组在展览方案确定后，围绕既定主题，按照科技花博、人文花博、和谐花博的理念，组织筛选了 30 项内容，充分利用球幕、雾幕、虚拟翻书、实景布置、多点触摸屏、单点触摸屏、投影、实物、模型、展板等展示方式，将科学性、趣味性与互动性有机地结合起来，打造了一场花卉文化的盛宴。七博会花卉科技馆展示内容及展示方式如表 5.1–4 所示。

花卉科技馆展示内容与方式 **表 5.1–4**

展区	展项名称	主要展示内容	展示方式	技术原理	备注
生命之花	什么是花？——花的基础知识	介绍花的概念、功能等基础知识，展示花的结构及各部分功能	动画投影、灯箱	多媒体技术	用动画方式分体式展示花的结构
	“万花”迎宾——万花筒群	播放鲜花开放的绚丽景象，并总体上介绍花卉与科技馆的展览内容	多媒体视频万花筒	镜面反射、多媒体技术	5 个万花筒组成世界上最大的多媒体万花筒群
	时光隧道	播放五彩缤纷的花卉视频	LED 视频播放	镜面反射、多媒体技术	LED 视屏有效地营造了气氛
	恐龙时代的植物	展示一些在恐龙时代业已存在的活化石植物，进一步介绍花的发展历程，并阐明保护活化石植物的重要性及必要性	实景布置、化石、模型、珍稀植物、展板		展出“辽宁古果”的化石并将其复原、展出珍稀植物银杉
	食虫植物	展现猪笼草、捕蝇草、茅膏菜、瓶子草等食虫植物的习性、生存环境及神秘的捕食技巧	实景布置、投影、视频	多媒体技术	实物布景与多媒体技术巧妙结合
	智慧之花	展示花儿在大自然中求生存的各种技巧	42″多点触摸屏	多点触控技术	国内展览首次运用
魅力之花	雾里看花	展示花朵开放的过程	雾幕投影	多媒体技术、雾幕技术	
	蜂眼看花	昆虫的视觉系统和复眼结构、蜜蜂眼中花朵的色彩和模样、蜜蜂为植物的传粉和进化所作的贡献	模拟蜜蜂的复眼展品 21 个、展板	双凹透镜成像原理	营造了蜂巢的环境
	花卉奇观	展示花卉大千世界中的各种奇特现象	交互式多点触摸屏、实物、模型、展板	多点触控技术	展出了雪莲、巨魔芋球茎、海椰子等珍稀植物
	东方花园	我国花卉资源对世界园林所作的贡献	镜面反射实物布景、立体花卉影像、展板	镜面反射原理、双眼体视成像技术	镜面反射使布景无边无际

续表

展区	展项名称	主要展示内容	展示方式	技术原理	备注
魅力之花	林奈的花钟	"花时钟"的由来、植物生理节律等植物知识	投影、多媒体触摸屏	多媒体技术	触摸屏与投影有机结合
	魅力之花	美丽的兰花世界	实景布置		
人文之花	世界花卉	五大洲各具风情，绚丽多姿的花卉	球形投影幕	数字投影机＋鱼眼投影镜头、平面影像转换、无缝拼接技术	内投球与外投球相结合，内投球直径 3.5m、外投球直径 1.5m
	花卉院士论花卉	中国十大名花及文化	多媒体触摸屏、电话听筒	多媒体技术	3 套，可进行知识问答
	心花怒放	中国十大名花	多媒体触摸屏	多媒体技术	5 套，可亲自动手在电脑上绘画
	世界国花文化展	国花国树、与国花国树相关的邮票	实物（邮票）、展板		展示了世界上 96 个国家的国花国树、79 个国家的 84 套（枚）邮票
	中国的市花	中国各城市的市花	多媒体触摸屏	多媒体技术	3 套
	花卉的应用	花卉与人类生活	视频、实物、压花艺术品	多媒体技术	搜集展品 100 余件
	园艺疗法	园艺疗法的定义、种类、意义及研究现状等	实物、展板		展出了芳香植物
	生日花	生日花	多媒体触摸屏、摄像及照片打印	多媒体技术、即时成像技术	一年 366 天的生日花
	顽强之花	沙漠植物及多浆植物	实景布置、投影、展板	多幕大屏幕投影系统	投影与实景布置有机结合
科技之花	花卉的显微世界	花卉的显微结构	投影、显微镜、视频	多媒体技术、显微技术	显微镜与视频相结合
	转基因花卉	转基因育种、基因沉默等基因工程	实物、展板		
	植物克隆	植物组织培养	实物、展板		组培苗组成艺术品陈列展览
	花色研究	花色研究方面所取得的成就	实物、展板		展出对比实验材料
	航天育种	航天育种的知识	投影、模型、实物、展板	多幕大屏幕投影系统	展出了航天飞机模型、投影与布景相结合
	纳米技术与花卉栽培	纳米增效花肥	实物、展板		展出对比实验材料
	LED 植物生长灯与花卉栽培	LED 植物生长灯在花卉栽培上的应用	实物、展板		
	离子注入诱变育种	离子注入诱变育种的成就与进展	实物、展板		展出对比实验材料
	花卉新品种展示	具有自主知识产权的新品种	视频、实物、展板	多媒体技术	
	花卉科技成果展示	近四年来的优秀花卉科技成果	电子翻书	投影技术、感应技术及多媒体制作技术	信息量非常大，共展出 129 项获奖科技成果

(4) 展览特点及效果

七博会花卉与科技馆布展本着“人文、科技、和谐”的理念，用最新的科技手段，结合优美的花卉布置，系统地展示了花卉科普知识、花卉科技成果及花卉新优品种三个方面的内容。研发了世界上最大的多媒体万花筒群、蜂眼看花、花卉立体成像、心花怒放、时钟花、生日花等科普项目。布置了恐龙时代的植物、智慧之花、顽强之花、魅力之花及东方花园五个景点。制作展板和宣传牌示200余块，单点触摸屏14块，多点触摸屏2块，液晶播放器16块，球幕两套，多媒体投影装置7套，雾幕1套，LED显示装置20余m^2，立体花卉图80张，化石11块，压花作品70余幅，模型5套，其他展品100余件。总结起来，本次展览具有以下特点：

1）突出展览的科学性

科学性是科普展览的生命，要求所有展示内容必须科学，真实反映实际的科学事实和发展状况。在进行展览布置中，要求所有的内容必须经得起推敲，每一个项目都要查阅大量的资料并向专家请教，没有科学根据不能随意下结论，以免误导游客。

2）突出展览的趣味性

趣味性是展览取得成功的前提，在保证科学性的前提下，展览还要具有趣味性。展品要新、奇、特，内容要与人们的文化及生活息息相关，才能让游客有兴趣停下来观看。本次展览充分考虑了这一点，搜集研发了一大批新颖而又奇特的展品，如蜂眼看花、立体花卉、生日花、花与人类生活、雾里看花、食虫植物、恐龙模型、色彩斑斓的克隆墙、变化多端的万花筒等都非常受游客的欢迎。

3）突出展览的互动性

互动性是展览取得成功的关键，一个展览如果只能让游客用眼睛看一看，而不能动手碰一碰，摸一摸，用耳朵听一听，用鼻子闻一闻，他们很快就会疲劳，尤其是青少年及儿童。本次展览游客可以亲手绘画、与生日花合影、尝试多点触摸的乐趣、查找我国各市的市花、给花卉院士“打电话”、虚拟“翻书”等，充分调动了他们的各种感官，取得了良好的效果。

4）突出展览的视觉效果

本次展览充分利用声、光、电等技术措施，采用了很多高科技的展示手段，如球幕、雾幕、多幕大屏幕投影系统，并将实景布置与多媒体投影的活动背景巧妙结合，具有非常强的视觉冲击力。

5）首次展出了众多的“花卉之最”

如展出了世界上第一朵花“辽宁古果”的珍贵化石及复原效果、世界上最大的植物种子——海椰子、最耐寒的植物——雪莲、世界上最大的花序——巨魔芋的球茎、最会隐藏的花－会开花的石头——石生花、吃肉的植物——食虫植物、高达 5m 的龙舌兰花序等；展出了很多平时难得一见的珍稀植物、植物界的大熊猫——银杉、珙桐等。

（5）七博会花卉科技展的效果评价

花卉科技馆按照现代科学的传播理念，结合科学而富有趣味性的展示内容，充分利用各种布展技术，使展览极富知识性、趣味性与互动性，得到了各界人士的广泛好评，展览期间每天接待游客 10 万余人，获得了良好的社会效益。

5.1.6　北京植物园春节兰展

兰花是人们熟知的花卉。国兰醇正幽远的花香，莹润素雅的花色，端庄匀称的花形，刚劲潇洒的叶姿，柔美含蓄的韵味；洋兰那绚丽多姿的花色，硕大奇特的花形，热烈奔放的花姿，都给人留下难以磨灭的印象。人们爱兰，更爱它高洁的精神内涵。中国兰花的栽培历史，已有 2600 余年。北京植物园自 2005 年起举办的春节兰展，迄今举办 6 届，如今已为人们所熟知，形成了一个公园文化活动的品牌。每年春节期间，人们都会来到北京植物园观赏美丽的兰花，感受春的气息。

（1）北京植物园春节兰展简介

1）时间：中国传统节日春节，精品展示为期一周，景观展示为期 3 个月。

2）地点：主展区：植物园展览温室一层，景观展区。副展区：低温温室、盆景园，国兰展区。

①植物园展览温室简介

植物园热带植物展览温室 1998 年 3 月 28 日动工，2000 年 1 月 1 日接待游人，展览温室建筑面积 9800m^2，占地 5.5hm^2，是目前亚洲最大、世界单体温室面积最大的展览温室，分四季花园、专类植物、沙漠植物和热带雨林等 4 个主展区。从天空俯瞰，水晶宫般的温室就像是绿草坪上的一粒珍珠。温室是进行园艺研究和国际交往、为群众提供观赏丰富多彩的植物景观、学习科学知识的场所，是具有较高品位的游览点。一层地形起伏，小路蜿蜒，瀑布飞虹，溪水潺潺，千姿百态的植物形成赏心悦目的景观。二层展示千奇百怪的沙漠植物。地下是 4D 影院及办公区。温室主要用途是保存植物资源、保护植物多样性。

②植物园盆景园简介

盆景园是北京市植物园的重要展区，占地面积 20000m^2。分为室内、室外展区两部分，室内展区主要展示北京及全国各地的展品。室外展区由四个庭院景区组成，展示露地栽植的大型桩景。盆景园的建成，有利于盆景艺术的继承和发展，为社会各界提供了一个高雅的盆景艺术欣赏、交流和学习的场所。近年来，盆景园担负了专类植物精品展览的重任。

3）展览内容：精品兰花评比展、国兰展、兰花景观展示、科普展板介绍、讲座。

4）参加人群：兰花专家、兰花爱好者、中外普通游客。

5）效果：春节兰展已成为植物园的品牌，为人们所熟知、喜爱。为植物园发展提供了机遇。

（2）兰展策划的主要步骤

1）活动定位

将兰展定位为植物园品牌项目，目的是弘扬兰文化，将兰花的美丽、科学知识、精神内涵传播给人民大众，为兰友提供多功能全方位的服务交流平台。

2）活动调研

通过常年观察、统计，确定展览针对对象、展览时间、展览地点。

春节为中国传统节日，放假时间长，此时举办兰展最为合适，可保证基本游人数量。春节期间，气候冷凉，现代化展览温室温暖湿润，温度适宜，为展览地点的最佳选择。兰花花期长，为展览最适合植物材料。

3）活动主题、活动方案

植物园的社会地位举足轻重。植物园举办的展览，常带来极大的社会意义。富有创意、富有内涵的展览主题可引导人们的思想。为展览设立主题，是一件慎重的事情。活动方案要求：新颖，具有时代感；简单，易于操作；经济，效果好。

需提前 1～2 个月召集员工进行展览动员会。分组后，划分负责区域。集思广益，结合形势，为展览设立一个统一鲜明、意义非凡的主题。以 ppt、效果图的形式对方案进行说明，汇报进程。讨论、完善方案，为各组景点定名。

（3）兰展的实施

1）制定计划：确定预算、植物材料抵达时间、布展时间、宣传时间、换花时间、撤展时间。

2）组织实施：

- 在花卉市场、小批发市场等地选购植物材料、布展用品。
- 布置展区，及时汇报布展情况，解决在布展期所遇问题。

具体工作方法（以 2010 年兰展诺亚方舟景点布置情况举例）：

①方案确定：方案的选择经过了 1 年的准备。主题紧扣时事。充分征求领导及全组人员意见，保证所提意见见解统一、可行。不仅想到每个细节，还制定多套备选方案。

②进程：避免弯路，行动迅速，方法正确，取舍合理，是较快、较好完成任务的主要原因。

- 在花材没到之前，需提前做好准备工作。如旧船搜集、改造，场地清理、测量，景点所用摆件的清点、位置确定等。

● 花材到时，组织人员将船运到景点，并按照事先上报的花材名单将一部分花材运到景点处。

● 大胆取舍，将景点布置方法分为精细、粗放两部分。位于重点位置的采取精细布置。位于次要位置的，采取粗放布置。这样可节省布展时间，保证完成速度和整体景观效果。

● 粗中有细。改变布置手法，采取群花争绽形式，使该景点焕然一新、气势恢宏，获得游客认同。景点各具特点，不失统一，使游客既能有移步换景的感觉，又不影响整体感。

● 画龙点睛，将香囊、老虎挂坠点缀在枯树、小房上，使景点具备了浓郁、喜庆的节日氛围。将长颈鹿、斑马、火烈鸟等模型放置在船上，用以扣题，并找来盛开的桃花，使温室提前进入了春的世界。

● 拍照留资料。

③中期换花：

● 提交用花清单；

● 购买花材；

● 撤去残花；

● 布置展区。

3）兰展宣传

目的：

①使更多游人了解展览时间、地点、意义；

②保证展览期间游人量；

③提高北京植物园知名度；

④达到收入创收。

要求：

①利用多种形式进行宣传，如电视、广播、报纸、入口处电子屏等。

②需提前多天进行宣传，并避开其他宣传热点的宣传时间。

③宣传内容需生动具体、真实准确，图文并茂，最好有影视制品。

④宣传范围需广泛。

⑤需频繁、多次宣传。

4）兰展安全管理

目的：需保证参展展品和游客安全。

措施：精品兰花设置护栏，专人看守。增设保安及工作人员昼夜看展。设立安全协管员，负责疏导游客。

5）兰展后期总结

总结经验教训，有助于发现问题，找到展览优缺点，探讨可行方案，将下一届兰展举办得更好。

展览布置完毕后，领导开会对展览进行总结、评价，发动参展职工上交有关展览感想、体会的书面报告，号召员工提出展览需改进的地方、需完善的过程，对优秀建议、想法给予适当奖励。

（4）兰展的评价

1）效果评价

方式：①随机采访若干名游客，听取其对展览的感想、建议。

②制作调查表。

2）优点

①如 2010 年兰展，在展前召开进程会，采取 ppt 形式使全体员工及领导对各组规划、进程有更进一步了解。制作效果图可令方案更具直观性。

②展后通过总结，可保持优点，摒弃缺点，将下一届兰展举办得更好。

③注重时间规划、统筹安排。

④重视宣传。

⑤主题统一鲜明，紧扣时事，意义非凡。

⑥安全无事故。

⑦广大游客的赞赏提高了植物园知名度、影响力，增进了植物园经济效益和社会效益。

3）改进

①宣传需体现展览主题，需制作各个景点介绍。

②花色分配不合理，给景观表现造成影响，需增加花色品种。

③需增加与群众的互动活动、趣味游戏。公园有责任让游客无论是在精神上还是在物质上，高兴而来满意而归。

(5) 2007 年兰展案例简析

景点 1：兰花树，灵感来源日本兰花展。

第 1 步：兰展主景点应放置于温室最醒目位置。做好前期准备工作，如制作柳树的特殊支架，场地情况考察，布展材料配备等。

第 2 步：将兰花绑在柳枝上，铺设草地。

第 3 步：用鲜花装饰绿地。

景点 2：树神

第 1 步：用棉花及老人须布置在瓶干树上，使它远观如一位和蔼可亲的老人。注意固定老人须的钉子不能深入树体，只能钉在木质层，以免伤害植物。

第 2 步：将所需花材、物品放在景点旁边供随时取用。

第 3 步：将花材布置在景点里。

景点 3：浪漫小屋，灵感来源于情人节。

第 1 步：首先布置好背景布。为营造浪漫氛围，选择粉色背景布。注意用来支撑背景布的钢条一定要结实。布置时，注意保证背景布整体水平。

第 2 步：安装灯台，并将灯台电线藏好。高矮不一的灯台可令景观在高度变化上富有层次感。

第 3 步：调整帷幔。

第 4 步：将花材放置在阴凉低温处，做好插花前准备工作。

第 5 步：为灯台插花，另外再插一些小型插花。

第 6 步：将插花各就各位，摆上酒杯、蜡烛烘托气氛。

景点 4：花廊

第 1 步：搭建竹廊框架。

第 2 步：绑花，需将组员分组，经验丰富的师傅负责实际操作，其他人辅助。

景点 5：花墙

第 1 步：安装背景布。

第 2 步：在门框上插花。

第 3 步：用竹子圈好将要布置区域，将景区内铁柱用树皮包好，使之更好地融入景观中。

第 4 步：挂花，铁丝隐藏在背景布后。随时调整花头、花枝方向。常用工具有铁丝、绑线、小夹子、长桌。

第 5 步：将竹子切成数截长短不一竹筒，用作花器，可填补背景布空白，使整体景观活跃起来。

第 6 步：用各色大花蕙兰、蝴蝶兰作为高度上的过渡，让景观更具层次感。

景点 6：品种展示区

第 1 步：制作玻璃架，用五线谱、音符与兰花装饰电梯的玻璃壁。

第 2 步：用彩色包装纸包装花器，将品种兰花摆放在高低错落的玻璃展台、玻璃影壁上。

第 3 步：用苇帘包装展台，虚实结合。增加黑色装饰藤条，与白色五线谱相映成趣。

景点 7：花山

第 1 步：堆土造地形。

第 2 步：运送所需花材至现场。

第 3 步：由高至低栽种蝴蝶兰，合理掌握株间距，并考虑花色渐变。在山体上零星布置火山岩、报春花，使景观更具野趣，颜色更为丰富。

第 4 步：木质矮栅栏围边，既美观，又可防止浇水时造成山体水土流失。

第 5 步：在山体黄金比例处，铺一蓝塑料布，内放清水、小鱼，为整个景观增添清新与活力。

景点 8：科普展区

第 1 步：制作心型立体模板，上有被爱神之箭射中双心的凹槽图案。在模板左上角及下部也设有多个小型管状凹槽。

第 2 步：摆放科普展板、展桌，用一品红简单布置，烘托氛围。

第 3 步：摆放展品。将组培苗放入各色管状玻璃瓶内，将这些玻璃瓶制作成风铃悬挂起来。一些则放在事先做好的模板的凹槽内作为装饰。在模板双心图案内插入红玫瑰。

景点 9：花境

第 1 步：用木质矮篱笆围出一处用各色蝴蝶兰、石斛兰组成的花境。

第 2 步：将金色跳舞兰插于木桩，置于花盆中，放于花境中心位置，既提高了花朵观赏点高度，又令花朵的柔美与树桩的刚毅得到完美结合。其他配景有福娃、乳茄、红丝线、蝴蝶兰组盆等。盆景园品种区布置，气氛古朴而有意境。

(6) 2008 年兰展案例简析

1) 场地考察（以蝴蝶园景点为例）

考察场地实地情况，如光照、温度、面积、植物配置、出入口位置等。

2) 设计草图（以蝴蝶园景点为例）

确定设计风格。保证布展区域线条流畅，道路通畅。

以 2008 年兰展蝴蝶园为例，设计风格采用中国传统的自然山水风景，虽由人作，宛自天开。

3) 市场考察

货比三家，用最便宜的价格买到所需商品。获得布展灵感，将其中较为优秀的创意用于景点中。

4) 布展过程

①布展工具、素材的配备。

需提前备齐布展工具、素材，如竹竿、编织袋、屉、木质矮栅栏等，方便布展时取用。可节省时间，加快布展速度。

②布展流程

第 1 步：用石头将水池位置摆出。

第 2 步：设篱笆、堆土。

● 篱笆在景点最里面，故需先设篱笆，注意稳固。作用是障景，也可在上挂花。

- 堆土时，底层直接铺土袋和巨型废弃花钵，可减少用土量。
- 需将地势高低设计好。
- 在土堆前设计围栏，防止土堆滑坡。

第 3 步：将所用花材放至将要布置的地点，初看效果。

第 4 步：开始栽种兰花。

- 首先将花莛裱直。
- 将兰花种在土中。注意保证花莛直立，方便游客看到花头最佳观赏面。蕨类、报春花、多花樱草点缀其间。
- 将原木锯成长短不一的段，前、后、高、低错落着围在山体前。

5）布景水池

①将地面扫净。

②为水池铺设两层塑料布，铺设时需光脚，避免鞋子沾土，弄脏、弄破塑料布。

③用石头、土袋压住塑料布边沿。

④用土、蕨类遮挡塑料布、土袋。

⑤在池中做景中景，避免景色单一、乏味。注意，小岛位置需遵循三角定理。

⑥放水，并在水面上放竹制小舟、钓鱼老人作点缀，然后撒上一些兰花花瓣。白天温室顶棚凝结的水珠掉落在水中，为该景点增加了动感及意境。

6）画龙点睛

为凸显中国田园风情，在花山脚下增设了乡村小房屋模型。房屋前用鹅卵石铺出一条蜿蜒小路，房前屋后遍是兰花，一只瓷鸭在房前昂头高歌，更有一只玩具小刺猬卧于房前。这一系列的设计使整个景点更具趣味性。

此外，小组还在水景中增加了竹筒小品。工作人员将电线隐藏在花丛中，用石头固定竹筒位置，保证水泵完全浸在水中。当电源启动时，池水被小型泵机引入导管后灌入竹筒，竹筒水满后，自动将水倾倒在池中，之后，自动归位，与底座轻轻撞击，从而发出有节奏的咚咚声，使整个景点充满了悠远意境。

一个精彩的名字，可使景点主题得到升华。小组以对联形式体现了景点主题：空谷幽兰遥溅水，盛世尽展欢丽颜。横批：国盛家兴兰花情。这一创意令展览洋溢着过春节的节日氛围。

7）副景烘托主景

①用风筝点缀景墙，使人们联想到奥运福娃妮妮，代表春天来临。

②原有藤本植物也可利用在景墙上，使立体空间不单调。

③同色蝴蝶兰宽花带的运用，提升了景点气势及节日氛围。

8）拍照留资料。

9）其他景点：大型插花、花门、花伞、花廊、花树、品种区等。

（7）2009 年兰展案例简析

景点 1：花门

第 1 步：用竹子做框架。

第 2 步：将裱好的各色蝴蝶兰绑在竹门上。

景点 2：牧童遥指兰花乡

第 1 步：市场调查，激发灵感。

第 2 步：景观布置。

用小牛挂饰串成帘子，使景观成为一个相对独立的区域，让游客看过去产生一种若隐若现的感觉，同时增添了节日的喜庆，紧扣了牛年的主题。掀帘入内，帘子上的铃铛还会发出清脆的叮咚声。

屏风及壁盆的组合运用，令景区有一种安静的感觉。

花棚及藤椅的结合，让游客在游赏疲惫之余，有一个歇脚的地方。

微型村庄与兰花的结合，紧扣景点主题：

木牛用废旧腐朽的棕榈树雕刻而成。牛背上的牧童悠然地吹着笛子，向人们表达着对春天来临的喜悦。白色小岛上，种满了会散发出香味的兰花。

第 3 步：拍照留资料。

第 4 步：布展后续调查。景点大受欢迎，前来参观的游客络绎不绝。

景点 3：花树

兰花与一段段长短不一的枯树结合在一起，形成了独特的山林野趣。

景点 4：品种区展示

用展格、屏风展示兰花。各色包装纸装饰盆器，制作兰花品种标牌，供游客了解。

景点 5：月宫

第 1 步：用卫星、蓝色的天幕、形态奇特的仙人掌及多浆植物营造出月宫神秘的氛围。

第 2 步：用艳丽的各色大花蕙兰及凤梨植物，营造出节日的喜庆氛围。

第 3 步：将模特装扮成嫦娥，端坐于花丛中。

第 4 步：改装模特，将蝴蝶兰做成花衣，使其面容气质与衣着相符。

景点 6：花山

第 1 步：用铁架作为花山的骨架。用各色花卉、蕨类、火山岩装饰花山。

第 2 步：将花山旁的加那利海枣的叶片弯成拱形，和花山连接为一体。再用兰花装饰，形成一个天然拱门。

第 3 步：用剩余花材，如蕨类、凤梨类、兰花类等，布置好周围环境，起到烘托主景的作用。

景点 7：花门

第 1 步：请厂家制作装饰性木门，弱化铁柱，可作为永久性景观。

第 2 步：内部景区用大量蝴蝶兰、矮石斛营造立体花境。

第 3 步：展览前夕，用鲜艳夺目的姜科植物装饰木门。

第 4 步：拍照留资料。

结语：

2005 年至 2006 年兰展，并没有特定主题，只注重景观效果，在资料收集、总结方面的工作基本没有开展。此时的兰展更偏向与商家合作的兰花组盆展览。

2007 年，各个景点各具特色。但兰展布展小组在时间安排上缺少经验，需通过晚上加班保证兰展布置按时完成。

2008 年，兰展布展小组摸索出通过市场调查寻找布展灵感的方法。并将 2007 年某些景点优秀创意修改延用，如蝴蝶园景点：扩大了景区面积，为凸显山水风格，大幅度增加了水景面积，融入了文化元素，增加了有中国风的小品，并注意了副景配置。在围栏上，取缔了单一式，采取了富有层次的错落式。诸多改进使得景区整体富有气势，且极具文化内涵，不失为一佳作。

2009 年，兰展布展小组尝试引入外界力量。在景观的体量、形式、内涵、方法上，延用往年优秀经验，努力寻求突破，求新、求变。并在景点《牧童遥指兰花乡》中，尝试先产生一个有内涵的命题，然后按照命题布置景观。

2010 年，兰展布展小组开始尝试用一个统一主题统领所有景点。为求风格、形式的突破，各布展小组也不在原有景点布置，而是换到其他景点。

从 2005 年兰展到 2010 年兰展，花量逐年递增，展示的兰花品种也越来越丰富。随着兰展发展，兰展的功能性也越来越多样。从单纯兰花展示，到融入富有时代感、责任感的主题，使兰展具备了非常大的社会意义。

5.1.7 颐和园桂花节

桂花是观赏和实用功能兼备的优良园林树种，在中国有着长达 2500 年以上的栽培历史，深受我国历代人民喜爱，是我国传统十大名花之一。在人工驯化的漫长过程中，人们对桂花的认识逐渐深化，应用范围日益扩大，艺花、赏花观念逐步形成和丰富。

颐和园是一座驰名中外的博物馆式皇家园林，除了山水、古建、文物为世人盛赞外，植物景观也具有历史文化内涵，尤其是盆栽桂花的栽植，承接于晚清宫廷并不断发展创新。每年金秋时节，都有大批游人来慕名观赏颐和园所独有的百年古桂，并陶醉在它那沁人心脾的浓郁芳香中。

（1）颐和园桂花栽培历史及现有资源

桂花是观赏价值很高的香花，与我国其他传统名花一样，在人工引种驯化的漫长过程中，桂花由天然野生至人工栽培，由山野而进入宫苑、寺庙、庭院，进而广植民间。与之相应，桂花文化也孕育、形成和发展起来。至今已具有较为深厚的文化底蕴。

颐和园桂花的栽培历史由来已久，现有的大型盆植桂花仍来源于清宫遗存。据档案记载，民国十七年（1928 年）清室办事处经理颐和园事务所向国民政府内政部颐和园管理事务所移交的盆花清册上列有大桂花 120 盆、小桂花 110 盆，共计 230 盆，占移交全部盆花之半，为数目最多的花卉，其中有金桂、银桂、丹桂三个品种。自 1950 年始，桂花被列为颐和园盆花的重点养植品种，一直设专人培养。1973 年、1974 年在原有的三个传统品种基础上又由南方购进四季桂品种，使盆栽桂花的品种增至四种。1989 年，除上述 4 个品种外又增加了 1 花 2 色的新品种，数量达到 300 余盆，此时清宫留传树龄在百年以上者有 55 盆。

颐和园目前栽培的桂花品种有：丹桂、金桂、银桂、四季桂，在山坡背风向阳处栽植了金桂、银桂、丹桂和四季桂，连续 3 个冬天，仍然安然无恙。经过多次从南方引进小桂花，目前，颐和园已成为北京盆栽桂花最为集中的公园。多年来，经过颐和园对桂花的精心养护，并通过温度、湿度的变化进行花期控制，每年在中秋和国庆两节期间在园内向游人展示。同时还向天安门广场及市政府等地提供展摆，给节日的北京增添了金秋的芳香。

（2）富有文化意蕴的景观布置

颐和园充分利用自身优势，发掘桂花文化，举办“颐和秋韵”桂花文化展，将清香远溢的桂花与壮阔秀美的皇家园林完美结合，形成了自己的独有品牌。活动期间，不同品种的桂花分布在颐和园各景区内，并根据建筑特色和文化内涵进行适合的景点布置，如第六届桂花展的布展：

东宫门景区以“桂子天香云外飘”为主题，并以颐和园最珍贵的盆栽古桂为主，配以一、二年生花卉为主的“蟾宫折桂”主题花坛。古时桂花象征着高洁和荣誉，“折桂”也喻科举及第。

文昌院以“秋临高阁话桂名”为主题。桂花在众多文学作品和民间流传中出现过大量的别名，比如梫木、木犀、金粟、七里香等等，来源风格各异，富有情趣。利用在文昌院中设立展板的形式，向游客讲解桂花的名称、传说等文化内容。

东堤以“大丽岩桂竞芳姿”为主题。为丰富桂花文化节期间东堤沿线的节日气氛，沿颐和园东堤摆放大丽花品种组合50盆。大丽花被民间赞颂为“大吉大利”之花，花色丰富多彩，不但有单色，而且还有复色、三色。大丽花无论用做盆栽观赏、切花插瓶，还时栽植于庭院，都是十分相宜的。在主要展示大丽花的同时，用小型花坛装点二龙闸等处，融入桂花、菊花诗词鉴赏内容。

八方亭以“福寿双全迎贵宾”为主题。该景区取自中国吉祥文化中“福寿双全”的含义，利用亭周围的立面空间，选用五色苋描绘出蝙蝠、寿桃、双钱的图案，配以吉祥的纹饰，表达美好的寓意。

德和园以“秋实桂香古乐萦”为主题。在这里展出各色秋季观果植物20余盆，并在戏楼周围摆放桂花，结合花卉布置，营造出丰收的景象。做到桂花花香不断线，使游客在桂花飘香、硕果累累中欣赏古乐表演。

长廊以“画廊桂影菊争艳”为主题。长廊景区以无尽意轩外的独本菊展和沿线的菊花品种组合展览为主，并在长廊南侧搭配盆栽桂花，使得赏菊品香相得益彰。

耕织图以“耕织水岸桂茗芳”为主题。在耕织图景区游览路线和水村居茶社进行桂花民俗内容展示。通过游人参与到品桂花、饮桂花茶等活动，从不同方面加强了游人对桂花文化的理解。通过不同的花卉布置形式，突出了该景区富于野趣的景观特点。同时以桂花为中心进行多点芳香植物展示。

(3) 展览评价

桂花香气浓郁，是我国人民喜爱的十大名花之一。在无法露地培植的北京，采用盆栽方式展示，桂花显得更加珍贵而备受欢迎。颐和园本是一座中外驰名的皇家园林，它以独具特色的山水风光，辉煌的古建筑群和丰富人文景观，吸引各方游客。金秋季节，数以千计的盆栽桂花争奇斗艳，吸引来一批又一批游客赏花闻香，已成为颐和园的又一盛事。

5.1.8　北海公园菊展

菊花是中国十大传统花卉之一，它拥有千姿百态的花朵，清隽高雅的香味，万锦云霞的色彩，它既有着高洁的精神内涵，也凝聚着中华民族崇尚的精神品质。菊花有着悠久的栽培历史，据史料记载，北京菊花栽培始于辽金，历经元、明、清、民国至当代。北海公园自 1979 年起举办菊展，成为北京一年一度的赏菊盛会。

（1）北海菊展伊始

菊花事业的发展是同政治经济以及社会文化的发展紧密联系在一起的，社会安定，经济繁荣，则菊花事业也随之蓬勃发展起来。中华人民共和国成立以后，北京市政府及有关部门十分重视菊花的恢复和发展工作。由于种植菊花人士不断增加，为了满足收集、交流品种等需求，1979 年，在北海公园双虹榭举办了北京市第一届菊花展览。此后，北京市北海菊展每年举办一次，每次菊展分别有各自的特色。北京北海公园菊展已经成为菊花爱好者观赏菊花，交流心得的平台。

（2）北海菊展发展概况

自北海公园每年都举办盛大的菊展之后，社会种菊人士不断增加，专业养菊部门和社会爱菊之人的交往也越来越多。北海菊展在社会上也是颇具影响力的，参加菊展的单位有大专院校、科研单位的专家、学者，有各大公园，还有各机关、工矿、企事业单位，首钢绿化公司等。

菊花自 1987 年 3 月北京市八届人大六次会议上被确定为市花后，无论在品种、数量和质量上都有了长足的发展。菊花类型也由原来单一的秋菊发展到春菊，早小菊，寒菊等多个品种。栽培方式由盆栽进入了街头绿地。1987 年举办的这届北海菊花展览也是菊花当选市花后的首次菊展。此次菊展共设品种、科普、切花、盆景、案头菊等 10 个展厅，展出 700 多个品种近万盆。展出期间，菊花爱好者还举办了讲座，切磋了养菊技艺。

在之前十几年菊展成功举办的良好基础上，北海公园组织举办的菊展有了迅猛发展。菊展不仅菊花品种丰富，组织活动多样，而且在布置展览方面也积极突破创新。展览通过展示品种菊、大立菊、盆景菊、悬崖菊、造型菊及艺菊小品等来充分表现菊花的百态芳姿及栽培技艺，从而弘扬北京菊文化，加强菊花养殖的技术交流与合作，提高菊花的栽培技艺，丰富首都人民精神文化生活，提升城市形象。

多届菊展的主题都围绕“菊”、“秋”、“北京”为主，第二十五届菊展主题为“菊染京香，情系奥运”；第二十六届菊展主题为“凤舞金秋妍”；第二十七届菊展主题为“金秋菊韵，心系奥运”；第二十八届菊展主题为“秋菊展妍迎奥运”；第二十九届菊展主题为“盛世黄花照秋色”；第三十届菊展主题为“御苑菊颂”。每届菊展主题鲜明，菊展气氛十分浓烈。

（3）奥运、国庆两届菊展成功举办

2008 年，北京成功举办奥运会令人欢欣鼓舞。同年举办的第二十九届菊花展，也把召开奥运的喜悦在菊展上表现出来。展览期间展出了菊花盆景、插花，以及 500 多个菊花品种。此次菊花展主题为“盛世黄花照秋色”。北海公园采用鲜切花裱扎菊字，结合笔墨纸砚等书法元素体现书法文化与菊文化的完美结合。在阐福寺院内增设展板，对北海菊文化、菊栽培技术、菊艺等知识进行宣传。增强科普宣传性。全园摆放了将近万盆鲜花对大环境进行布置，营造出热烈喜庆的良好氛围。

2009 年，新中国成立六十周年，北京市第三十届菊花展览办得空前隆重和喜庆，并首次在国庆节期间举办。此次菊展由北京市北海公园和北京菊花协会共同主办，吸引了十多家单位参展，送展花卉近万盆。展览分 6 个展室、2 个庭院展出。主题为“御苑菊颂”的精品菊花展览共分为 6 个区域，分别为菊花盆景展示区、菊花插花艺术展示区、精品品种菊展示区以及"祥瑞阐福"、"鹤舞颂寿"、"鹿喜秋实"等主题布景展区。展出的种类有精品品种菊、小菊盆景、造型艺菊、树桩盆景菊、菊花插花花艺以及体现菊花技艺水平的大立菊、多头菊拼盘组合等。

主题展室"祥瑞阐福"以"福"为主题，以鲤鱼、吉象、如意、蝙蝠等元素造景。中间做"鲤鱼跃龙门"的布置，鱼龙变化，青云直上，素有"金鱼多福"之意。两边展台上各摆放菊花裱扎而成的"吉象"、"如意"、"蝙蝠"造型，配以品种菊、小菊、绿植，共同营造出富贵幸福、吉祥如意、遍地有福的景观效果。"鹤舞颂寿"以"寿"为主题，以菊花裱扎的"松"、"鹤"为主景。鹤，与庆贺的"贺"同音，松、鹤、菊自古以来有长寿、祝寿之寓意。三者相呼应表达同庆祖国六十年华诞，为祖国祝福之意。"鹿喜秋实"体现"禄"这一主题，鹿与"禄"同音，用鹿来表现人们对富足美好生活的追求与渴望。采用菊花裱扎的梅花鹿造型，与四周的菊花等植物相得益彰地结合在一起，形成一幅自然和谐的田园景观。又以橘红色南瓜等秋实为素材展现五谷秋实的丰收场景。

其中，中院"三龙戏珠"60 圈拼盘菊，是采用广式大立菊裱扎方式裱扎，为半球形，排列有序。裱扎一花一竹，共 60 圈，喻义祝贺祖国六十华诞。拼盘菊第一圈 6 朵花，以后每圈增 6 朵，每圈增 6 朵，有"六六无穷、六六大顺"之意，喻义祖国基业千秋万代。"三龙戏珠"，朝向中轴，是在中国龙凤文化中有"三元及第，好事连连"的吉祥象征。寓意盛世太平、普天吉庆。体现中华民族不畏艰险，奋发向上，追求美好的精神风范。三龙戏珠广式拼盆立菊是北海公园首次与菊花之乡广东小榄合作的罕见展品，直径 9m，高 5m，使用菊花 10980 头裱扎完成，精湛的裱扎技艺和恢弘气势尽显大立菊之王的风姿。

奥运、国庆两届菊展的举办，在北京菊花展览的发展史上是质的飞跃。在这机遇与挑战并存的两年里，北海公园承办的两届具有重大意义的菊展取得了空前的成功。

（4）北海菊展的整体评价

多年来，北海公园举办菊花展览已成为北京市菊花展览的一项传统，在北京乃至全国都享有很高的声誉。通过菊花展览，各界爱菊人士不断研究、开发、养植、创新菊花技艺，提供了交流学习的平台。历届的菊展均得到海内外游客、广大市民、新闻媒体及菊花专家的广泛推崇，在社会上有着强烈的反响，取得了良好的社会效益。菊展期间，每年接待近十万余人参观菊展。30 年来，30 届菊展累计接待游人达 230 多万人次。

菊花是中华大地上的一枝奇葩，悠久的栽培历史积累了丰富的种植资源，高超的栽培技艺和深厚的文化积淀，使得这一传统名花深受喜爱。菊花已经成为一种文化，而菊展是菊文化发展的一剂推动力。菊花经过花期控制，达到满足不同时期展览、展示的需要，为今后品种菊的发展和振兴拓展了更加广阔的道路。菊展是菊花爱好者的一个展现菊艺的天地，在这里大家切磋学习，为今后菊花的发展奠定基础。

5.1.9 中山公园郁金香花展

中山公园现占地 $23hm^2$，是一座纪念性的古典坛庙园林。辽金时为兴国寺，明成祖朱棣兴建北京宫殿时，按照“左祖右社”的制度，改建为社稷坛。这里是明、清皇帝祭祀土地神和五谷神的地方。1914 年辟为中央公园，为纪念孙中山先生，1918 年改名中山公园。

中山公园的建筑主要有社稷坛、保卫和平坊、古柏、兰亭八柱亭、拜殿、戟门、水榭、唐花坞、习礼亭、四宜轩、迎晖亭、花廊、宰牲亭、格言亭、投壶亭、松柏交翠亭、来今雨轩、音乐堂、长青园、愉园和蕙芳园等。

中山公园栽种郁金香的历史可追溯到 20 世纪 70 年代，1977 年 5 月，荷兰女王（当时的公主）贝娅特丽丝偕同克劳斯亲王，对我国进行友好访问，赠送给中国政府 39 个优良郁金香品种，4000 个种球。由我国外交部礼宾司转交中山公园栽培，自此，揭开了中山公园展览郁金香的序幕，郁金香也成为中荷两国人民之间友谊的象征。中山公园自 1996 年举办第一届郁金香花展以来，已经有 14 个年头，得到了广大游客的一致好评。

(1) 整体环境布置

1) 郁金香及早春花卉的整体布置

郁金香是世界名花，它以矜持端庄的花姿，酒杯状鲜艳夺目的花朵，在花的王国里独树一帜，被作为胜利、凯旋、美好的象征。中山公园一直重视郁金香的新品种引进工作，目前已搜集 70 余个品种的郁金香。广大游客可以欣赏到名贵的郁金香品种“夜皇后”、粉色重瓣花型的“狐步舞”、百合花型的“克劳迪娅”、黄色剪绒型的“饰边优雅”等。中山公园的郁金香花展以地栽为主、盆栽布置为辅的全园布展方式。重点环绕公园社稷坛围墙进行布展，把环坛东路、南路、西路两侧的绿地以及南门区、西门区、内坛区、水榭景区七个主要游览区作为郁金香展览的主要布展地区。为了提高整个展览的观赏效果，中山公园还栽植了洋水仙、风信子等球根花卉万株，三色堇、四季海棠、金鱼草、矮牵牛、大花飞燕草、羽扇豆等草花 3 万多盆，丰富了展览的花卉品种。

中山公园环坛生长有大量的古树，其中柏树居多，大多是明代建坛时种植，在保护好古树的基础上公园还进行了大量的绿化美化。拥有 7 株千年辽柏和 600 余株百年以上树龄的古树，古柏森森，翠荫环绕，焕发出旺盛的生命力，树下的郁金香亭亭玉立，鲜艳夺目，两者形成鲜明的对比，却又充分融合。梅花、海棠、碧桃、丁香、牡丹等露地花木也将竞相开放，把美丽的中山公园变成花的海洋。

2) 主题景区的设置

为了营造郁金香展期间喜庆欢乐的环境氛围，公园还通过实物造型、人物雕塑与主题花坛相结合的布展手法，在园内精心布展出了各具特色的主题景区。历年的主题有“喜庆迎宾”、“欧洲风情”、“和谐家园”、“异彩流芳”、“童话森林”、“百花迎春”等。2010 年春花暨郁金香花展，以“春之华章”为主题，精心布展出“喜迎嘉宾”、“荷兰风情"、"异彩流芳"、"松鹤延年"等七个主题景区。

3）室内花卉展示

郁金香展期间，惠芳园和唐花坞这两处园中园对购票入园的游客免费参观。蕙芳园以栽植和展示兰花而闻名，是中国最大的兰圃之一，花展期间陆续展出百余盆珍品兰花。唐花坞是培育各种名贵花木的温室花房，一年四季万紫千红、春意盎然，郁金香展期间展出杜鹃、凤梨、仙客来等近百种2000余盆名优花卉。

（2）文化宣传活动

为了丰富活动的内容，增加科普宣传的力度，公园利用展板，向游人介绍中国传统特色花卉和世界名花郁金香的风采。展览内容包括有关郁金香知识、郁金香故事、荷兰民间风俗等，以便让更多的游客了解郁金香，了解郁金香的国度荷兰。

（3）整体效果评价

中山公园紧紧抓住早春花卉这一主题，在景观布置上着力打造华丽、绚烂的春季花卉景观。园内栽植郁金香数量达30万株，郁金香开放时形成色彩艳丽、气势壮阔的色带和色块。游客不仅能欣赏郁金香的群体美，还可以领略到单株郁金香的个体美。经过中山公园近年来持续的品种搜集工作，现已收集70多个郁金香名优品种，让参观者欣赏到不同花型、花色的名贵品种。除了种植大面积的郁金香，园内的早春木本花卉、球根花卉以及宿根花卉也为整体景观增添了看点，加上唐花坞和蕙芳园的室内花卉，和分散在园内特色鲜明、精巧别致的主题景区，大大丰富了花展的内容，使整个中山公园变成了祥和欢乐的花的海洋。

中山公园的郁金香花展，将古老典雅的坛庙园林和充满异国风情的郁金香结合在一起，相互碰撞而又相互融合，在北京春季众多花卉展览中显出独特的气质，吸引了众多游人的观赏，平均年接待游人20万余人次，丰富了首都市民的文化娱乐生活，已成为百姓春季赏花的绝佳去处。

5.1.10 香山公园红叶文化节

香山红叶是具有千年历史的自然景观，作为一种壮丽的自然美景早已被人们接受，代代传颂。久而久之，红叶被不断注入丰厚的人文气息，成为一种高雅含蓄的审美体现。1989 年为庆祝建国四十周年，丰富公园文化活动，更好地为广大游人服务，香山公园利用园内十万株黄栌树漫山红透的自然景观，以“观红叶，赏秋实”为主题，举办了第一届“金秋游园会”，后将“金秋游园会”更名为“红叶文化节”。至 2010 年公园已经累计举办了 22 届“红叶文化节”，成为北京秋季最有影响力的文化游园活动。

（1）整体景观布置

香山公园在举办红叶节前都要进行精心周密的筹备，首先是要为其设计主题。本着新颖、流畅、应时、有内涵的原则，达到“先声夺人”的宣传效果，吸引更多游人的关注。如 1989 年香山红叶文化节以“观红叶，赏秋实”为主题，2001 年以“绿色 · 人文 · 科技”为主题，2008 年以“圆梦金秋”为主题，2009 年以“华彩金秋”为主题。

历届红叶节的景观布置都力求新颖别致、立意深刻，既要具有较高的艺术性、观赏性，又要与红叶节主题、时代背景、周围环境相协调，从而使全园所有景区的景观布置缤纷灿烂，和谐统一。红叶节景观布置的形式随时代的发展而不断更新，从办节之初的简单的盆景花坛、红叶诗词展板到喷泉花坛、红叶牌楼、组字花坛以至近年的大型立体装饰，从一两个景点布置，到全园的整体布置，整体环境愈加凸显秋景及红叶的魅力。如 2009 年红叶节的景观布置，结合新中国 60 年华诞的背景，进行了整体的植物造景布置。东门景区，广场布置了“欢庆狮舞”主题花坛，在牌楼设置红叶迎宾门，牌楼两侧布置传统纹样仿真红叶造型门，宫门与牌楼之间上空网挂仿真红叶，营造红叶飘舞的效果；北门景区以“栌叶迎宾”为主题，北门外城关城门两侧墙壁布置传统纹样仿真红叶造型门，地面围以鲜花，城关外立面布置网挂仿真红叶；枫林村的“泰和秋宜”景区内，结合环境布置仙鹤造型以红、黄两色小菊为主要花材，以中国吉祥图案“云纹”为平面构图，表达中国传统“松鹤延年”的寓意，借以祝福建国60周年；听雪轩以“秋容菊姿”为主题，结合听雪轩景区现有环境，布置精品菊花盆景、造型菊花、品种菊等；来秋亭景区以“静宜来秋”为主题，在水面布置水生植物，岸边布置悬崖菊及各色小菊，突出此景区安静优美的景致特点；眼镜湖景区以“湖光叶影”为主题，在湖东湖内设置“红叶仙子”造型一座，三组鲜花组成的祥云和明月图案；索道下站以“幻彩流光”为主题，索道下站LED显示屏滚动播放残奥会闭幕式“香山红叶”片段及香山红叶宣传片；翠微亭景区的“红叶黄花自一川”主题景区内，从静翠湖至翠微亭以地栽菊花营造红叶黄花自一川的景观效果，成为观赏红叶、品味秋景的主线路；双清别墅以“红色香山”为主题，以红五星造型、国旗、阅兵式展板，营造出庄严、热烈的氛围。这九大景区，以祝贺祖国六十华诞的“红色”为主线，各具特色又和谐统一，营造出红叶节期间欢乐祥和、喜庆热烈的游园氛围。

（2）文化宣传及娱乐活动

红叶节是红叶文化的主要载体，从办节之初就始终秉承着鲜明的群众性和时代性，注重以人为本，活动突出文化性、互动性、趣味性。历年来，共举办各种展览27类200余场，包括：书画展、果实展、盆景展、摄影展、香山石刻拓片展、奇石艺术展、根雕艺术展、插花艺术展、香山文化展、佛教文化展、佛教艺术展、藏文化艺术展、静宜园乾隆御制诗文展、静宜园历史文化展、静宜园图景展、香山植物多样性展、植物标本展、蝴蝶展、双清革命事迹展、毛泽东诗词展、孙中山生平事迹展、奥林匹克运动展、建国50年辉煌展、改革开放成就展、香山建设成就展、登山健身知识展、茶艺展等。

红叶节主办方特别注重设置游客直接参与的活动，使游人在饱览香山美景之余，有更多的文化体验。举办过的活动丰富多彩，雅俗共赏，包括：登山比赛、诗词写作比赛、绘画比赛、书法比赛、文艺表演、音乐茶座、插花艺术、进香品茗、纳凉品泉、义务导游、签名留念、幸运抽奖、水上航模、诗词作品征集、知识竞猜、拼图游戏、古装巡演、放飞白鸽、京剧卡拉OK、唱山歌颂诗词等系列活动。

历年来举办的活动主要有：

1991 年红叶节期间除组织专场文艺演出节目外，双清别墅设置了音乐茶座，游客们可以一边品尝泉水泡制的清茶，一边聆听著名京剧演员的精彩唱段。

1997 年红叶节除了保留传统文化活动，同时开展了“文明用语”征集和“爱我香山、保护环境、请把垃圾带下山”的活动，得到游人的积极参与和支持。

1998 年红叶节“挑战者号”时空穿梭机等项游艺活动为红叶节增添了乐趣。

2001 年红叶节开展万只白鸽竟飞扬、“红叶传情”、游园幸运抽奖、登山健身加油站、水上航模等活动。

2008 年，参观红叶节的游客在欣赏美景的同时，还可参与《香山诗情对对碰》楹联征集、《艺术香山》民间手工艺品征集活动、自己动手、自己设置红叶片，同时还有碧云寺的祈福放生活动寄托美好情思等项活动。

2009 年在勤政殿游客服务中心、碧云寺山门前、双清别墅、玉华岫、香雾窟、昭庙 6 处举办“红叶传情”主题活动。每处活动现场安置红叶邮筒一个（主会场设在勤政殿，摆放残奥会闭幕式透明邮筒一个），并配以残奥会闭幕式的宣传展板。现场销售红叶明信片（与香山邮局共同开发的香山红叶明信片）。游客可购买明信片并写上祝福的话语投入邮箱内寄给自己的亲人，体现红叶“传情”和“祝福”的内涵。活动中还设计制作红“香山红叶”纪念戳六枚，每处活动现场各一枚。根据每处活动现场的所在地，专门设计一枚纪念戳，既增强了活动的纪念性又宣传了香山的历史文化。以“回眸奥运万叶飘丹恭贺祖国甲子盛世华彩展金秋”为上联，向游客开展征集下联活动。联合北京晚报、公园协会以“写秋容”为主题，举办香山摄影大赛和诗歌散文征集活动。

(3) 对外宣传及商业开发

宣传力度逐年加大、覆盖海内外，实现了知名景区与强势媒体的资源置换，为今后的品牌形象树立拓展了广阔的空间。2002年红叶节更加注重与新闻媒体的合作，加大了宣传力度，利用新建立的香山公园网站，广泛宣传红叶节活动。

香山红叶文化节广受社会关注，公园积极挖掘这一潜在资源吸引社会力量合作办。2004年与北京现代汽车合作，实现了香山红叶文化节的首次冠名；2005年至2008年，公园与《北京晚报》连续四年进行红叶节冠名合作，摸索出一条宣传红叶品牌的新途径、新思路。

(4) 安全管理

红叶节是香山的品牌和形象，是海淀区的一项重要文化活动，每年吸引大量北京市民和外地游客，给园内安全及周边的综合治理带来压力。为此，每届红叶节前都召开由区政府、香山街道办事处、区交通队、区公安局、卫生局、旅游局城管大队等多家单位参加的联合会议，汇报《红叶文化节方案》。就环境布置、服务安全、预案演练、狭窄路段的防范等方面问题探讨，在交通、森林防火和宣传等方面，加强联合执法力度，强化执法的有效性，为游人提供安全、舒适的游览环境和周到服务。

(5) 整体效果及评价

香山公园充分利用香山的自然环境和深厚的文化底蕴，以及在群众中的认知度，通过缤纷的景观布置、丰富的文化娱乐活动，用22年时间倾力打造出"香山红叶"享誉国际的品牌。"香山红叶文化节"也成为北京赏秋的最重要活动之一。

香山红叶文化节以文化命名，始终秉承"文化办节"的宗旨，在活动的筹备和运作过程中注重突出文化品位和格调。以红叶文化为核心向外辐射，以开放的思维不断创新。自1989年"金秋游园会"至今，秋季游人规模不断增加，经济收入屡创新高，截止2009年20届红叶文化节累计接待中外游客1521万人次，经济总收入近亿元，为香山公园带来了巨大的经济、环境和社会效益，其知名度、美誉度蜚名中外。中央电视台、北京电视台－海外中心等多家媒体纷纷采访报道。

红叶节的举办，京城市民甚至外地游客秋季欣赏自然美景，同时得到精神上的愉悦。期间巨大的游人量，带动了餐饮和销售的火热，每年历时一个月的举办的时间能带来数千万元的经济效益，是公园赖以发展的重要载体。

5.1.11　玉渊潭公园樱花文化节

玉渊潭公园早在金代就是金中都城西北郊的风景游览胜地，清乾隆三十八年浚治成湖，解放后配合永定河引水工程建成八一湖，1960 年北京市政府正式定名玉渊潭公园，每年春季举办的樱花节成为北京著名的景观。樱花园占地 25hm^2，位于公园西北隅，是华北地区最大的樱花专类园之一。这里地形地貌梳理自然，水系湖岸蜿蜒流畅。粗犷的大色块植物造园手法与古朴简洁的建筑风格，使该园“虽由人作，宛自天开”。在 1973 年栽种象征中日友好的大山樱礼品树的基础上，1990 年以来陆续又从我国丹东、大连、山东等地引种。目前，园内可供游人观赏的樱花已由最初的 2 个品种增加到现在的 20 个，数量达 2000 株。2008 年公园在樱花园及南门景区新植樱花 220 余株，品种以早樱为主，提升了樱花群体景观效果。

1989 年，玉渊潭公园开始举办以樱花为主题的综合文化活动，至今樱花文化活动已经举办了 22 届。从第一届接待游人 6 万人次到现在的上百万人次，游人量逐年上升，公园的知名度逐年提高。樱花的品牌效应也在逐年地拓展与延伸，充分发挥了公园的特色优势。

（1）樱花文化主题的发掘

玉渊潭公园不断挖掘樱花文化，从不同角度丰富樱花文化内涵。2004 年樱花活动的主题是“早春的祝福”；2005 年樱花活动的主题是“放飞春天”，并围绕主题同时举办了潍坊风筝展，推出了夜赏樱花；2006 年樱花活动的主题是“转动春天”，同时举办了世界风车艺术展，首次推出了“早樱报春、莺樱春晓、在水一方、玉树临风、友谊樱林、樱棠春晓、樱缤之路、霓裳银树”的樱花八景；2007 年樱花活动的主题是“敲响春天”，展示了六个系列 84 组件的集观赏性与艺术性为一体的风铃艺术；2008 年樱花活动以“春到玉渊潭”为主题，主打奥运牌，樱花园内举办“樱花节二十年回顾展”；2010 年樱花活动以“花开如意”为主题，在樱花节活动期间举办“为了明天”主题教育展，市民们还可观赏到由市环保宣教中心举办的“镜头中的绿色北京”摄影展。

主题的确定为樱花节活动增加了新内涵，同时也为景区增加了新视角，而且也使游人把赏樱的过程当作一种时尚文化来欣赏，使樱花活动充分体现出时代的气息。

(2) 科普及文化活动

玉渊潭公园还开展了关于樱花种植养护历史、栽培技术及樱花品种的知识宣传介绍活动。开辟专栏对中外各种樱花如山樱、大山樱、豆樱、早樱、吉野樱、晚樱等不同品种的樱花进行了介绍，并编辑印制《赏樱指南》，为游人介绍樱花特点和科普知识。

举办以“今日花如雪”为主题的樱花诗会。通过组织诗歌、散文、绘画、摄影、樱花认养，增加“樱花宝贝”、街舞、动漫表演等不同形式的文化活动，不仅吸引了更多游人积极参与，而且营造了和谐的“樱文化”氛围，增加了现代文化色彩。从 2007 年开始玉渊潭在樱花盛开的时节也成了年轻人“汉服秀”的舞台。既发扬了传统的汉服文化，又能让游客有真正的身心体验，增强了樱花文化节的饱满度。

(3) 特色游乐项目及商品经营

每年樱花盛开的时候会为玉渊潭公园带来翻倍的客流量，更蕴涵了巨大的商机。举办樱花活动，不仅增加了门票收入，而且增加了水面游船收入和各种小商品、特色商品收入。从第一届樱花节门票收入 1.2 万元，到第十九届增加到 558.2 万元，加上游船、游乐设施等收入，公园综合收入达到 740.8 万元。樱花节期间，玉渊潭公园日购票入园人数最高达到 9.7 万人次，体现了樱花品种资源的独特优势。

樱花节期间在公园西门樱花坞已经推出樱花茶，味道很神奇，让人有遐想的感觉，粉色的花瓣漂在水中，由粉变白，过程令人回味，受到许多年轻游客的喜爱。

(4) 整体效果及评价

玉渊潭公园更加注重樱花节的品质化，从餐饮、购物、活动三方面入手，打造樱花多元化产业链。

不断完善景观建设，增加樱花的品种和数量，扩大种植范围，使樱花成为公园的亮点，成为公园的标志性的植物。有目的地把人文景观融汇到自然环境之中，在结合中体现樱花文化。

进一步塑造樱花品牌，围绕公园的品牌定位，将品牌视觉化以造型、颜色、字体等手法表现出来。每年活动的主题不同，单樱花品牌形象都要在大的品牌形象之下进行设计，从园徽、宣传海报、展板、宣传册、工作服、说明牌示、活动装饰、商棚、售货车、樱花商品、门票到游览观光车、茶杯、信纸、信封、请柬等都要体现品牌形象。

不断进行樱花文化的创新，樱花文化活动融入北京城市休闲文化，尤其是时尚文化之中，把它当作文化产业来运作。

拓宽经营思路，创新樱花品牌系列商品。继续研发有观赏价值、纪念价值、使用价值的樱花系列产品，丰富樱花品牌的内容。做好樱花活动的宣传工作，扩大宣传范围，打造知名度，以品牌创效益促收入。

5.1.12 紫竹院公园竹文化节

紫竹院公园已成功举办十七届“竹文化节”，历年活动主题始终紧密围绕“竹文化”。随着对“竹文化”主题的持续发掘，紫竹院公园“竹文化节”品牌已逐渐成形。越来越多的文艺演出团体，社会知名艺术家及竹制品企业积极与公园管理者开展合作，使每年一次的“竹文化节”成为竹类相关文化艺术传播、产品推广的平台。

(1) 紫竹院公园与“竹文化节”发展概略

紫竹院公园位于西直门外白石桥西，规划建设于1953年，是一座以竹类植物造景为特色的自然山水园林。全园占地面积45.81hm^2，水面面积16.15hm^2，种植竹子约56个品种，84.55万株，是我国华北竹类植物品种最多的竹园之一。

1994 年 4 月，紫竹院公园举办“北京首届竹文化节”，旨在拓展公园竹文化底蕴，打造特色文化活动品牌。文化节内容涵盖竹景点布置、竹乡特色的民族文艺演出、竹文化展览、竹编工艺品展销等四大方面。并在公园内组织中国民间武术选拔表演赛、北京老年秧歌队表演等群众文体健身活动。整个活动期间接待游人 16 万人次，收入 50 余万元，获得了良好的社会和经济效益。

1995 年至 2002 年，紫竹院公园连续举办 8 届竹文化节活动。为充分吸引社会关注度，几乎每届竹文化节都着力打造一到两个亮点活动。如第三届竹文化节期间，公园广泛开展富于竹文化气息的游乐活动，跳竹竿舞、爬竹竿、抖空竹、弓箭狩猎等游戏令整个文化节更富于欢乐的气息；第四届竹文化节期间，举办竹服饰表演，同时配以群众参与的卡拉 OK 大赛，将时尚元素带入竹文化节之中；第八届竹文化节期间，公园在传统竹产品一条街的基础上，进一步开辟文化书市、盆景展销等经营项目，获得了不菲的销售收入。

自 2003 年第十届起，竹文化节开始引入赏荷主题，举办时间也从传统的 4～6 月调整至 7 ～ 8 月。2005 年至 2010 年，“竹荷文化节”代替“竹文化节”，成为紫竹院公园文化活动的新品牌。荷花文化及相关一系列赏荷、采莲、吃莲子等新活动的加入，将“竹文化节”的文化内涵与活动多样化程度提升到新的层次。2003 年，公园开展“荷花渡撑篙穿行品竹赏荷活动”，不仅在白天设置游船供游人泛舟，更在航道内加装水下灯，用彩灯装饰的 4 艘摇橹船夜间载客赏荷，营造“荷塘夜色”景观。2009 年，公园开设专门的“绿色课堂”，结合竹荷知识普及人与自然和谐共生的生态理念。

（2）特色植物造景展示

特色植物造景展示是公园文化活动中必不可少的重要一环，既能提升公园的景观效果，又能烘托文化活动的气氛。历年“竹文化节”期间，别具一格的特色植物造景都是引人注目的焦点。

1）在公园入口及主要景观节点布置大型主题植物造景，烘托节日气氛，吸引游人参观。如第一届“竹文化节”期间，在公园东门外搭建一座大型傣族竹楼，很好地烘托了游园气氛，提高了社会的关注程度。

2）利用特色植物材料产品装饰公园的建筑及公共设施，从细节入手，强化植物造景展示。如 1996 年第三届“竹文化节”期间，紫竹院公园内的“三门五桥”（东门、南门、西南门，风雨桥、双紫桥、莲桥、梅桥、虹桥）均被精心装饰以竹画、竹牌楼、红色竹斗笠及竹灯笼等饰物，使公园充满了竹文化及节日文化气息。

3）结合花坛、植物造景，摆放富于特色的大型民间手工艺品，使特色植物造景更加新颖美观，且富有一定的商品展示效应。如第三届“竹文化节”期间，公园在东门布置创吉尼斯世界纪录的重达 4800 斤的巨型折扇，在湖区内布置长达 66m 的竹编巨龙，一时成为京城媒体竞相报道的热点。

（3）植物文化展示

历届“竹文化节”都承载着相关知识普及与文化传播的重任。也是公园文化活动中体现科普功能、展示文化内涵的重要手段。植物主题展内容涉及植物文化、植物分类、相关工艺品制作等诸多方面。其展示形式从最早简单的文字展板，到竹画、竹雕，再到多媒体技术应用，日渐成熟多样。

历届“竹文化节”特色植物造景 **表 5.1–5**

项目	届数	描述
1. “竹塔世界”、“傣族竹楼”、“傣族船形屋”	第一届	在公园东门外主景区修建的具有民族风格的大竹楼，很好地起到了烘托游园气氛、吸引游人及社会关注的作用
2. “三门五桥”特色装饰	第二届	公园的东门、南门、西南门，风雨桥、双紫桥、莲桥、梅桥、虹桥均被精心装饰以竹画、竹牌楼、红色竹斗笠及竹灯笼等饰物，使公园充满了竹文化及节日文化气息
3. 巨型竹扇与竹龙造景	第三届	公园东门内竖立“和鸣图”巨屏折扇，全扇用 13048 个楠竹件制成，重 4800 斤，面积是原该项目吉尼斯世界纪录的 2.5 倍。在湖区内架设巨型“竹龙”，全长 66m，龙身直径 70cm，从头到尾共用 50 多万条竹丝制成
4. 不锈钢仿真竹叶造景	第四届	在公园主要草坪中，自然分散地放置不锈钢仿真竹叶，烘托竹文化气氛
5. “白象”雕塑设置	第六届	公园东门以竹楼为背景，门前蹲坐两只白象，并用葱郁植物陪衬，象征万象更新

续表

项　目	届　数	描　述
6. “千禧龙年”主题花坛	第七届	公园东门外广场中心摆设竹文化节徽标花坛1座，以其为中心，两侧各由2000只风车制作两条长6m的“嬉龙”，象征“千禧龙年”竹文化
7. “旋律”花坛	第九届	“旋律”花坛以高低错落的竹筒，展示出竹子“高风亮节”的气势和品格，突出了竹文化的内涵，并以抽象的表现手法，形成似一棵大树的立面图案，寓意人们要自觉维护绿色生态平衡的独特创意
8. “竹简”立体花坛	第十一届	花坛主体为高3m、宽10m的仿东汉时期竹简，选用60块直径15cm的大毛竹片用麻绳串连成简。毛竹片上以篆印体书写历代咏竹诗词8首，并进行仿古处理。竹简前方用轻质、透气、保水性好的无土栽培基质营造小地形，直接栽植品种竹、特色荷花以及市园林局绿色奥运花卉的新优花材
9. “巴山幻境”景点	第十二届	利用喷灌中间断雾喷技术，在公园巴山木竹林中营造出了凉雾扑面、清凉湿润的巴蜀竹林风情
10. “京城历史名园迎奥运”景点	第十四届	将京城11个市属公园特色浓缩在一幅长40m、高1m的竹制画卷上，体现出京城公园喜盼奥运的欢庆氛围

1）从纷繁复杂的竹文化资源中提炼出四大主题作为文化展示的核心板块：竹与人类生活，竹与文化发展，竹与艺术，竹与人类精神。每一大板块又按照概念、特征，实例及外延的逻辑层次进行论述。因此，公园已成功举办多场大型竹文化专题展，取得了很好的科学普及效果。

2）充分利用园林牌示的展示功能。按展览要求分别以文化、科普、产地信息等主题分组制作专门牌示。文字简明扼要，三言两语即能点透主题。布置巧妙灵活，见缝插针，可有效补足公园展览的真空地带。

3）以画廊、诗廊的形式集中论述某项竹文化主题，体现展览形式美和内容美的有机结合。一条建造精美，内容充实的“科普画廊”往往是最多游人驻足浏览的地方，其科普效果远胜于简单的展板摆放和陈列。“竹文化节”中经常使用天然竹材料制造这类画廊，环保又贴合文化活动的主题。

历届“竹文化节”代表性植物文化展示 表 5.1–6

项　　目	届　　数	描　　述
1. 名人与竹展览	首届	集中展出大量名人敬竹、崇竹、咏竹、画竹的诗词书画，利用为人熟识的名人宣传竹文化
2. 竹文化综合展	第二届	展览面积 $350m^2$，展出实物 400 余件、文字说明 2000 多字、照片 50 多幅、绘画作品 30 多幅，以及形态各异的竹制乐器 50 余件
3. 咏竹书画展	第六届	展出园藏著名画家吟咏竹子的书画作品 50 多幅，并在草坪周围摆放中国历代竹诗文标牌 20 余块
4. “竹乡彩艺”造型艺术展	第七届	展出富于江南竹韵与艺术特色的伞艺、灯艺、风筝、风车等大型艺术造型 30 个
5. 竹文化系列展览活动	第九届	系列展览活动包括竹文化展、咏竹书画邀请展、竹工艺精品展、历代咏竹书画珍品收藏图片展、竹品种及其养护科普知识介绍、公园风光及竹林风光图片展、生物多样性知识宣传、紫竹院公园发展历史与中国竹文化知识讲座等
6. 竹类植物盆景展及插花表演	第十届	展示从云南竹子研究所引进的品种竹盆景 300 余盆，并进行以竹为主题的插花表演
7. 百米大型竹丝制工艺品展出	第十一届	从四川特别定制百米竹丝长卷，其上绘有 76 幅《西游记》中情节故事，展出后成为当时媒体报道的热点
8. 历代咏竹诗词展	第十二届	以唐、宋、元、明、清及南北朝时期咏竹荷诗、词、歌、赋为内容，设置了诗廊、竹简、书卷等造型各异的展牌 40 余块
9. 《绿色课堂》科普活动	第十四届	包括植物写生活动、植物辨识活动、生态多样性讲座、家庭养花咨询等

(4) 文化表演活动

文艺表演是历年“竹文化节”期间最精彩纷呈，也最吸引人眼球环节。紫竹院公园“竹文化节”期间，策划并实施了近百次各类文艺表演，这些文化表演有的紧扣竹文化主题。如竹工艺品现场编织表演；有的与公园日常游览、健身活动相关，如秧歌汇演、武术表演；有的则与一些专业的演出团体合作，在公园内举行演唱会、相声节等，力争满足各年龄段、各层次游客的需求，为“竹文化节”宣传造势。近年来，灵活有趣、重在游人参与的群众健身文化表演及游人互动游戏越来越受到游人的欢迎，逐渐成为“竹文化节”文化表演活动的主流。

历届“竹文化节”代表性群众健身文化表演及游人互动项目　　表 5.1–7

项　目	届　数	描　述
1. 北京老年秧歌队表演	首届	秧歌表演喜庆热闹，既能烘托气氛，又能富于活动以全民健身的内涵
2. 中国民间武术选拔表演赛	首届	公园历来是民间传统武术爱好者的习武场所，举办武术选拔活动有利于进一步提升公园在民间活动中的影响力
3. 民间支埙篪乐队演奏	第三届	来自海淀区北洼路小学的中国第一支埙篪乐队演奏咏竹乐曲
4. 系列民间游戏活动	第三届	跳竹竿舞、爬竹竿、抖空竹、弓箭狩猎、猜谜语、钓金鱼、骑象拍照、套圈等
5. 竹服饰表演	第四届	北京服装学院和北京 61 中学服装设计与服装表演专业的学生进行竹服饰服装表演
6. 卡拉 OK 活动	第四届	群众参与的卡拉 OK “大家唱”活动
7. “竹与家庭”趣味运动会	第十届	包括竹担挑水、竹筷夹豆等趣味比赛及计划生育谜语竞猜等活动

（5）特色经营活动

特色经营活动是历年“竹文化节”除门票收入外最大的创收途径，也是吸引全国各地相关企业关注、参与竹文化节展览的法宝。成功的特色经营活动不仅能够提升公园文化活动的人气，更能强化活动的平台效应，吸引消费者和生产企业的关注。历年“竹文化节”的实践表明，公园文化节期间开展特色经营活动有两种较为成功的模式：一种是融民俗、娱乐、购物于一身的“庙会”形式，一种是纯以销售产品为主的“产品一条街”形式。销售的产品既应贴合文化活动主题，又要符合老百姓日常生活的需要，尤其应符合公园文化节主要购物群体——中老年人的需要。实践表明，特色农产品，中草药，精致环保的竹制生活用品最为畅销。未来，健康清爽的竹荷特色餐饮有较大开发潜力，其形式以快餐、小吃、茶点为主。

（6）活动总体评价

中国竹文化源远流长，紫竹院公园依托自身优势，通过特色植物造景展示、植物文化主题展览、文艺表演及特色经营活动等形式，将

"竹文化节"特色经营销售项目　表5.1-8

项　目	届　数	描　述
1. 竹市场一条街	首届	以竹制日常生活用品为主，如竹椅、竹筷、竹勺、竹枕、竹饰品和竹笋等
2. 南方竹制品销售	第二届	引进南方竹制品近千种进行销售
3. 各地特色植物材料艺术品销售	第三届	展销青神竹画、江安竹簧、安吉竹凉席、益阳竹伞、山东莱州草编、东北木雕等特色工艺品和生活用品
4. 竹市综合商贸	第八届	在竹类产品销售的同时，开辟文化书市及盆景销售
5. 竹荷特色食物销售	第十届	在公园竹韵餐厅制作、销售荷叶粥、竹香饭、竹筒肉等特色食品。

竹文化节打造得异彩纷呈。既有高雅的竹文化宣传、精美的植物造景展示，又有百姓喜闻乐见的文娱活动、贴近生活的竹类产品销售，取得了良好的经济效益和社会效益，为发扬中国传统竹文化，推动竹类产品的经营提供了平台。

5.1.13　圆明园荷花节

圆明园历经清代5朝帝王历时150余年的修葺扩建，形成由圆明园、长春园、绮春园3个子园组成，100多处景点，占地350hm^{2}大型皇家园林，集我国古典园林造园艺术之大成。3园以水景为主，水面占总面积的4/10，形成传统的山水园林环境，历史上，圆明园的水生植物就非常丰富，有许多以荷花命名的景点。圆明园遗址公园自开放以来非常重视荷花的种植与培育，经过几十年的经营和建设，园内现有120余hm^{2}水面，荷花种植面积已达60余hm^2，收集荷花品种近400种。

自1993年以来，每年夏季举办的"圆明园荷花节"，展览水平不断提高，文化活动更是年年有新意，已经成为国内规模最大、品种最多的荷花盛典之一。2009年，"圆明园荷花节"被评为北京市十大品牌旅游文化活动之一，为盛夏的北京提供了一个消暑纳凉的好去处。

（1）整体环境布置

圆明园内水面众多，大小不一，通过大面积的片植和小区域种植等多种配置手法，营造不同风格的荷花景观，让游人感受到夏季观荷的独特魅力。

由南门至东门的陆上观荷线路，涵盖鉴碧亭、涵秋馆、三园交界、风荷楼、海岳开襟、转香帆、法慧寺等景点，沿线精心布置以荷花为主题的园艺小品，道路两旁布置了大量盆栽精品荷花以及各色碗莲作为观荷线路的连接和引导。

绮春园水域分布在游览路线的两侧，水体面积适宜，环境幽美宜人，最宜观瞻。游人在此处可欣赏到很多浮水植物，如荇菜、芡实、萍逢草，以及热带睡莲、王莲等珍稀的水生花卉。

长春园是圆明园主要的水上赏荷区，水面开阔，能展示大面积的荷花的群体美，气势恢弘壮阔。以水为主体分隔各景区，用州、岛、桥、堤将大片水面划分为若干不同形式，空间丰富。环绕海岳开襟小岛的四周开辟了一条水上赏荷的游览线，曲曲折折的水道将原有的大面积种植区分隔成较分散的小区域，游人荡舟藕花深处，可近距离欣赏荷姿荷韵。

（2）文化娱乐活动及科普宣传

圆明园的每届荷展，都力图通过举办一系列文化活动，将荷花与艺术、民俗、宗教、饮食等文化结合起来，将荷文化传播至每一个角落。同时，丰富多彩的文化和娱乐活动，也是吸引游人，增加游览趣味的重要手段。

为了促使广大青少年儿童了解考古、培养兴趣，2010 年圆明园与中国文保等相关单位携手，推出考古夏令营，可以亲身参与模拟考古、文物拓印等互动活动，并在全国首次推出近距离观看文物修复的全过程的活动。

2010 年荷花节，圆明园还携手《大众摄影》杂志社，举办“魅力荷花”摄影大展，视线所及，碧波荡漾，万绿流翠，点缀其间的荷花或张扬地怒放，或内敛地含苞，欣赏荷花，欣赏荷花的自然之美。

寻找并蒂莲的活动自 2008 年来每次都受到了游客的普遍欢迎，增加游客观花赏景的乐趣。有幸找到的游客将获得圆明园年票一张。

圆明园荷花节注重对传统文化的宣扬，近年来将一些已经消失在人们视野中的文化遗产在荷展期间作展示。如做毛猴、吹糖人、拉洋片、米粒刻字等，京腔京韵，拨动赏荷游人的游兴；绝技绝活，展示传统文化的风情。

为了让游人充分感受圆明园夏夜的清凉与荷香，尽情欣赏荷塘月色之美，从2009年第14届荷花节开始，主办方延长了开放时间。开展啤酒消夏、红酒品鉴、浪漫晚餐、荷餐饮、播放露天电影、放荷灯、划船等系列活动，同时邀请民间艺术团体和个人入园表演，如非常适合在夜间表演的皮影戏等。

为了增添荷展的文化内涵，活动期间主办方通过各种形式向游人进行科普及文化宣传。如在游览线路沿线设置展板，以"百荷荟萃""千古颂荷"、"碧波花影"、"荷香一方天"、"清荷古韵"等为题的展览。介绍荷花的科普知识、特色品种、荷文化史、荷花与宗教、荷花与饮食文化，以及荷花诗词、摄影作品展等。还有实力派画家刘延风荷花系列画展、圆明园特色芦苇画、宫廷高仿字画展等，让游客在赏花的同时感受到浓浓的文化氛围。

（3）餐饮及特色商品经营

圆明园荷展深入挖掘荷花的饮食文化，参观荷花展览的游客赏荷之行在大饱眼福的同时，还能一饱口福。

2007年，中央电视台经济频道《美食美客——三人餐桌》把掌勺人全国选拔活动的北京赛区就曾设在圆明园，并在园内的海岳开襟岛录制特别节目《荷花清凉菜》。来自全国各地的美食爱好者们将以荷花、荷叶、莲子、莲藕等原料制作出"荷"美味，供现场的观众和游客品尝，并把富有创意的"荷"食制作新方法介绍给大家。在福海酒家，游人可以品尝到用莲藕、莲叶、莲花制作的各种美味小吃。举目收美色，饕餮啖美食，别有一番风味。荷展期间开辟美食一条街，有很多用莲藕、莲叶、莲子、荷花制作的美味小吃，小吃的名字几乎都与荷花沾点儿边，如荷叶粥、荷叶饼等等。

来圆明园赏荷的游人，无不为壮阔的荷景所震撼感动，也想把荷花的清香带走。为了满足游人的需求，荷展期间，公园有荷花、荷叶、莲蓬等出售，还为游客准备了富有荷花节特色的旅游纪念品，如碗莲、圆明园开发的自有品牌的荷叶茶等。

(4) 整体效果评价

圆明园是具有300年历史的皇家御苑，历史上荷花种植具有深厚的底蕴，曲院风荷、濂溪乐处等景点在历史上都曾广植荷花，雍正、乾隆在圆明园观荷赏翠，留下了赞美圆明园荷花的诗文。展会组织者挖掘深厚的历史积淀，并利用园内开阔的水面，紧紧围绕荷花这一主题，展开和夏季游览、餐饮、娱乐相关的一系列活动，将荷花与艺术、民俗、宗教、饮食等文化结合起来，雅俗共赏，从各个方面和不同层次，将荷文化立体、生动地展示并传播给游览者。

圆明园公园开创了夜场概念，门票5元，周末还实行免费。为群众消夏提供便利，并带动了餐饮和娱乐的消费。2009年，圆明园第十四届荷花节期间，入园游人已达到1059632人次，园内综合收益达1516万元，取得了良好的社会效益和经济效益。

5.1.14 北京植物园传统节庆植物文化展

随着社会的进步、经济的发展、人们对精神文明的重视的提升，文化在公园活动中的地位变得越来越重要了。北京植物园因时借势，将文化这一元素融合进公园活动中，举办了一届又一届群众喜闻乐见的传统节庆植物文化展，让中国传统的精神文化以这些植物为载体传承给人们，取得了极大的社会反响。

[例1] 北京市植物园的端午节植物文化展

(1) 前期准备阶段

1) 需求调查：通过对中外历史及现状的分析，发展夏日文化是可行的。

2) 确定活动定位：针对中国传统节庆中的植物文化进行研究，调查、总结中国传统节庆中植物和花卉种类、传说、故事、应用方式、与习俗的关系、寓意，鉴别节庆植物的种类，编写和总结节庆植物材料的文字资料。搜集和展示节庆植物，用专题展览的方式进行展示，用科学和艺术、文化相结合的方式，研究和展示中国传统节庆植物。通过活动，继承和弘扬我国优良的传统文化，保护我国非物质文化遗产。展示传统花木所承载的历史和人文内涵，普及植物知识及应用。挖掘植物的观赏价值、药用价值、科研价值、文化价值、食用价值、经济价值等等。同时，通过搜集、展览、解说，对公众普及植物文化知识，特别是传统文化，丰富展览的方式方法，提高植物园的展示和科普教育功能。将中国优秀的文化传统、先进的科学知识借植物这个载体发扬光大，并尝试将现代化元素融合进中国的传统节庆，丰富其内涵，使展览更具生命力、时代感，努力将中国传统节庆植物展打造成为植物园的一个品牌。

3）搜集信息：首先要收集大量的资料，这样才有筛选资料的余地。如，端午节的来历？各国各地区各民族如何过端午节？端午节涉及了哪些植物？这些植物的简介等。

4）拟定初步方案

首先制定一份会变化的计划。初步设立时间、展览的主题、完成的目标、内容、展览的形式、展览的地点、展览的分区、展览的规模、展览的参加人员等。根据工作进度，在不影响最终完成时间及完成效果的情况下，提前或推迟计划，包括突发事件的发生、领导的意图等因素都要考虑其中，让整个行动尽在掌控之中。

然后就是做好预算：按布展区域列出可以借用及需要买的东西、列出所展物品可以在哪里找到或买到，做一份详细的市场调查。收集、借用、购买植物材料及相关产品。

5)筛选策划方案，最优化分析，调整与修正方案，探讨方案可行性。

（2）现场实施阶段

1）现场实施可行方案

制作展板：首先确定展板的主、副标题，展板的内容、数量，将文字图片分类，然后进行一下简单设计，领导批准后，联系厂家制作展板，将自己的设计意图告诉厂家，期间需要经过多次修改。如版面的调整、颜色的搭配、字体的大小、风格的协调等。此外，还要计算好制作时间，保证在展览前将所有展板制作完毕。

植物布置：首先，制定初步方案，确定后，提前去花卉市场选购花材等布展、活动所需用品。其次，用 1 天时间将开花效果不好的花撤掉；用 2 天时间，将植物重新布置。

制作龙船、巨型粽子：首先外出或在网上搜索素材，选好龙船、粽子的样子。然后购买高密度塑料泡沫进行雕刻，购买颜料、防水涂漆及毛笔为龙头上色，购买 502 胶及粽叶装饰巨粽。最后，将龙头、巨粽安装到现场。请记者拍照，宣传。

布置植物景观：将有关端午节的植物挑选出观赏性强的种类，布置成景观。注意要贴近生活，具备农家风情，并营造出节日氛围。

布置展架、展桌、展柜：要对展览内容进行分类，提炼文字，打印标牌，可以在标牌中更详细地介绍端午节植物、文化等内容，补充展板没有讲到的内容。

展览包含了景观区、插花区、香草区、历史文化区、相关产品区、植物展示区、药用植物区、食用植物区、展板区等，并举办了群众喜闻乐见的各种活动。形式可谓丰富多彩。

2）后续节事活动工作：

组织活动：茶艺、系五彩丝、赠艾蒿、包粽子、讲座《讲述端午节那点事儿》、民族歌舞表演，与群众互动，提高他们对中国传统节日的重视，继承弘扬民族精神。小组还尝试将现代元素融入进传统节日中（如“以粽传情”相亲活动），赋予节日更多的文化内涵，让更多的人了解、熟悉中国的传统文化及蕴含其中的深刻涵义。

（3）后续总评阶段

1）留资料

留照片、文字等资料：为以后的类似布展提供素材。作为温室展览的历史资料收藏。

2）效果测定与评估总结

效果：内容丰富、形式多样。获得中外游客的好评。

问题：游客少。

解决方法：加大重视力度，加强宣传，与旅游部门、旅行社建立联系。

[例 2] 北京植物园清明节植物文化展

（1）前期准备阶段

1）需求调查：收集有关活动的各种资料，进行调查和可行性研究。国家关于节庆活动方面的政策和法规、公众关注的热点、历史上同类个案的资讯、场地状况和时间的选择性，都是调查的内容。调查是策划的基础。

有关清明节的调查：清明节是我国历史悠久的重要传统节日，是中国人生活智慧的结晶。人们选择在清明节扫墓祭奠、踏青嬉游、举办赛诗会。清明节的春游活动内容丰富。在清明节的饮食方面，各地有不同的节令食品。清明时节是一年养生的重要时期。时代赋予了清明节更为丰富的内涵。在新时代意义中的清明节，除了扫墓祭拜祖先，表达子孙对先人的追思外，更重要的是要遵循祖先的教诲及发扬传统文化的美德，感恩思源，立德树人，增进感情，踏青迎春，放飞希望，亲近自然，热爱自然，催护新生 。

2）确立策划目标，确定活动定位：目标就是策划所希望达到的预期效果，是策划的起点。

有关清明节植物文化展的预期效果：

① 由于国家关于清明节休假的规定刚刚起步，游客量应该不大。

② 让游客简单了解清明节由来、清明节传说、清明节节俗、清明节植物、清明节气候。

③ 让游客参与到活动中，感受节日的气氛，感受中国传统文化。

3）搜集信息：首先要收集大量的资料，这样才有筛选资料的余地。如，清明节的来历？清明节的传说？清明节涉及了哪些植物？这些植物的简介，等等。

4）拟定初步方案

如：2010 年北京植物园清明节植物文化展活动策划。

上进行宣传。

2）后续节庆活动工作

对柳树、桃枝进行物候期观察、记录。

观察游人对景观的反应，分析游人的参与度及活动受欢迎程度。

（3）后续总评阶段

①拍照留资料

②效果测定与评估总结

该展览活动深受游人的喜爱，且用费较少。

［例3］北京植物园的中秋节植物文化展

（1）前期准备阶段

1）需求调查：

中秋节，是仲秋之节。中秋节起源于古人对月亮的崇拜，起源于古人在秋季为庆祝丰收而举行的祭祀活动。人们用嫦娥奔月、玉兔捣药、吴刚伐桂等神话故事来解释中秋节的风俗习惯。团圆是中秋节俗的中心意义。中秋节在中国民众生活中流传了近千年，我们应该重视传统节日中所传递的精神传统，有选择地继承，并积极创造适应现代社会生活需要的节日新传统。

2）确立策划目标，确定活动定位：目标就是策划所希望达到的预期效果，是策划的起点。

有关中秋节植物文化展的预期效果：

①由于国家关于中秋节休假的规定刚刚起步，游客量应该不大。

②让游客简单了解中秋节由来、中秋节传说、中秋节节俗、中秋节植物、中秋节文化等。

③让游客参与到活动中，感受节日的气氛，感受中国传统文化。

④要求景观简约、大方、美观、独具特色、有节日氛围。

3）搜集信息：首先要收集大量的资料，这样才有筛选资料的余地。如，中秋节的来历？中秋节的传说？中秋节涉及了哪些植物？这些植物的简介，等等。

4）拟定初步方案

活动场地：展览温室

活动时间：2010 年 9 月 22 日至 24 日

主要内容：

①展板介绍中秋节。展示与中秋节有关的植物。用植物景观营造出中秋佳节的氛围。

展板内容：

a. 节日起源：该展板的题目是《话说中秋》，内容为：中秋是亲朋团圆庆祝的日子。农历八月十五，秋高气爽，丹桂飘香，玉露生凉。中秋节，是仲秋之节，以十五月圆为标志。“中秋”一词最早出现于《尚书 · 尧典》。人们在中秋时节欢聚赏月、祭祀神明、庆贺丰收。中秋节起源于古人对月亮的崇拜，起源于古人在秋季为庆祝丰收而举行的祭祀活动。人们用嫦娥奔月、玉兔捣药、吴刚伐桂等神话故事来解释中秋节的风俗习惯。

b. 中秋植物：该展板将与中秋节最密切的植物桂花从科学知识、文化意义两方面作了介绍。

c. 传统习俗：该展板将中秋节传统的习俗用科学的方法进行了介绍。

d. 月相变化：中秋节与月亮息息相关。该展板将月相的变化原因介绍给游人。

标牌内容：

兔爷介绍：兔爷是北京人熟知的中秋节的代表形象。该标牌将兔爷的来历、作用、所代表的涵义作了简单的介绍。

景观方案：

a. 喷绘一张大型嫦娥奔月图作为景观背景。用白色的藤条粘贴成月亮船。船周围摆满桂花等植物。周围从顶棚吊满星星。

b. 嫦娥怀抱玉兔在蝴蝶园。

c. 在某一区域作花灯展示（建议蝴蝶园）。

d. 在蝴蝶园作老北京兔爷、兔奶展示。

②活动：讲座、赏桂花、观灯笼、猜灯谜、品尝月饼。

③活动反馈意见调查，游客填写后，可获得小礼物。

（2）现场实施阶段

1）现场实施可行方案：

①准备工作

首先去市场购买所需展品。制作背景板：喷背景图、安装在背景板上。现场拼装、制作灯笼。打扮模特：用铅笔将模特的眉毛、眼影描黑、描粗，购买发髻、牛角、发辫等头饰，用口红画额、描唇，为模特佩戴古感的珍珠项链、耳环、脚链，将时尚的模特打扮得具有古代感。珍珠羽毛插梳及蓝色汉服套装，让其具备了嫦娥的飘逸感。用一只仿真白兔，点明其嫦娥的身份。最后用艳丽的花卉在其身边点缀。

②布置展区

温室蝴蝶园：首先在要挂灯笼的位置拉上结实的铁丝。将拼装好的灯笼悬挂在铁丝上固定住。并在周围的高大植物上也悬挂部分灯笼，达到扩大景区的效果。在灯笼上悬挂灯谜。

兔爷展区：首先摆好展桌，铺好展布。然后将事先购买的、大小不一的兔爷摆放在与之匹配的博古架上。将与中秋节有关的物品摆放在展桌上。将蓝色的背景布对折后，悬挂在展区后面。摆上灯笼、干花花篮作为装饰。摆上购买兔爷的店家宣传手册及联系方式，方便感兴趣的游客拿取。最后拉上围栏。

温室门前大厅：将喷有嫦娥在月宫前舞动的背景板放在温室门前的大厅正中。将事先用白色藤条做成的月亮船放在背景板前。将艳丽的植物有层次地摆放在其周围。工作人员登上梯架，悬挂各种各样的星星，营造出宇宙的感觉。这些星星高低不一，有的甚至可以被游人用手碰触到，就好像游人也在月宫遨游了一番似的。

③组织活动

首先支好展桌。打印好活动内容、时间、规则。摆好调查表、记录笔。准备好赠送给游人的月饼、礼物等。将准备好的灯谜答案发放给工作人员。

2）后续节庆活动工作：

接受电视台采访，将我们的设计意图、中心思想、展览内容告诉给媒体。将展览及活动内容在植物园网站上发布。

（3）后续总评阶段

1）留资料：采用拍照的形式。

2）效果测定与评估总结：发放收取游客意见反馈，对意见进行整理、归类。

5.2　文化活动概述

北京是有三千余年建城史和八百五十余年建都史的历史文化名城。它荟萃了元、明、清以来的中华文化，拥有众多名胜古迹和人文景观，是世界上拥有世界文化遗产最多的城市。在从燕国起的 2000 多年里，建造了许多宏伟壮丽的宫廷建筑，使北京成为我国拥有帝王宫殿、园林、庙坛和陵墓数量最多，内容最丰富的城市。北京积攒了深厚的皇城文化，市属公园中有很多本身就是文物保护单位，甚至是世界文化遗产，如颐和园、天坛、北海、香山等等。同时北京是中国四大古都之一，有很多地方特色的民风习俗，形成了北京独特的市井文化，如北京小吃、曲艺、传统手工艺制造、民间技艺表演等等。

随着时代的发展，在传统文化的保护与传承日益受到大众认可与关注，公园的文化活动也十分注重传统文化的传承，如颐和园苏州街的春节期间的“宫市”活动，德和园戏楼的京剧表演，天坛公园的祭天文化展览，北京植物园的曹雪芹文化节，地坛公园的庙会将传统小吃、手工艺术品、民俗表演的汇聚一堂。这些活动很好地将北京的传统气息利用文化活动的形式注入现代生活，举办传统文化活动，已经成为公园文化活动中重要的项目。

5.2.1 天坛公园祭天文化周

祭拜仪式远古就有，是华夏民族的一种信仰，主要形式就是祭天、祭地、祭祖先，从皇家礼仪已演变为民俗，祈求风调雨顺，五谷丰登。在北京城里，东有日坛祭太阳，西有月坛祭月亮，北有地坛祭地，南有天坛祭天，现天安门东侧的劳动人民文化宫是皇帝祭祖的地方，西侧的中山公园是祭祀丰收神即五谷耕地之所。

(1) 天坛公园

正式祭祀天地的活动始于公元前两千年奴隶制社会的夏朝，中国古代帝王自称“天子”，他们对天地非常崇敬。天坛是明永乐十八年(1420 年) 仿南京形制建天地坛，合祭皇天后土，当时是在大祀殿行祭典。嘉靖九年 (1530 年) 嘉靖皇帝听大臣言：“古者祀天于圜丘，祀地于方丘。圜丘者，南郊地上之丘，丘圜而高，以象天也。方丘者，北郊泽中之丘，丘方而下，以象地也。”于是决定天地分祭，在大祀殿南建圜丘祭天，在北城安定门外另建方泽坛祭地。嘉靖十三年 (1534 年) 圜丘改名天坛，方泽改名地坛。

天坛共占地 270hm^2，规模宏伟，富丽堂皇，是中国现存最大的古代祭祀性建筑群。它以严谨的规划布局，奇特的建筑结构，瑰丽的建筑装饰著称于世，不仅在中国建筑史上占有重要位置，也是世界建筑艺术的珍贵遗产。1961 年，国务院公布天坛为“全国重点文物保护单位”。1998 年被联合国教科文组织确认为“世界文化遗产”。2007 年 5 月 8 日，天坛公园经国家旅游局正式批准为国家 5A 级旅游景区。

(2) 天坛文化周祭天表演

天坛公园保留了完整的祭祀建筑，明朝、清朝两代帝王冬至日祭皇天上帝和正月上辛日行祈谷礼的地方。天坛从明朝永乐十八年 (公元 1420 年) 建成一直到清王朝灭亡，共有 23 位皇帝举行过 682 次祭天祈谷大典，当时的帝王认为“礼莫大于敬天”。为了重现天坛庄严隆重的祭祀活动，2002 年 2 月 12 日至 16 日 (农历大年初一至初五)，天坛公园经过精心筹备了祭天仪仗表演，即第一届“天坛文化周”。

主办方根据史料记载，按照历史原貌复建了皇帝更换祭服的御用幄帐，祈年殿南的丹陛桥上遍插旌旗。身着古装的御前侍卫举行静鞭表演，劲装箭袖的八旗骁勇举行行进表演，威风凛凛的八旗禁军进行展示表演，典雅庄重的皇帝銮驾再现丹陛桥头。随同展出的还有祭天所用的幡、幢、氅、麾、金瓜、斧、钺等器物。这一系列充满神秘色彩的祭天仪仗现场表演从仪仗队伍由南向北，出成贞门进南砖门，过程包括静鞭三响、法号鸣天、禁军执站、八旗骁勇、大驾卤薄、祭天典仪、告祭折返等，前后约 40 分钟。

2006 年 2 月 1 日至 6 日，天坛公园举办第二届“天坛文化周”——新春祈福盛会，以宣传“新春祈福——圣地盛会”、“天人之旅——新春祈福”。活动在祭天仪仗的基础上开发祭天乐舞表演，在丹陛桥举行 180 人组成的帝王仪仗展示活动，在祈年殿由 128 人表演祭天乐舞，活动内容和规模较 2002 年更加气势宏大。此外公园还举办“坛乐清音”专题音乐会、由 50 人在公园东门表演舞狮节目、50 人在南门表演圜丘盘鼓等。

2009 年牛年新春之际，北京天坛公园继续举办大型文化周活动，每天吸引万余名中外游客和北京市民游览、观赏，还在天坛神乐署举办了明清宫廷雅乐——中和韶乐表演，受到游人好评。

2010 年 2 月 14 日至 2 月 18 日（农历正月初一至初五），天坛公园依据清乾隆十三年的卤簿仪制，进行祭天仪仗、祭天乐舞展演，再现清乾隆十三年祭天盛典。游客不仅可以领略昔日皇家祭天的宏大隆重场面，同时可以倾听祈福迎祥的天籁之音。清代祭天仪仗由导象、宝象、车驾、乐队、禁军、八旗军、皇帝御前侍卫、内廷侍从、文武百官等组成。祈年殿大型祭天乐舞表演分为三场，演出人员达 280 余人。祭天盛典表演在服装道具、礼仪规制上保持原真性，让中外游客真实体验恢弘的皇帝祭天仪式，感受古朴的祭天乐舞表演。

（3）祭天文化及相关文化展览

天坛公园在文化周期间，除了开展祭天文化表演，还开展了祭天及相关的文化展览，使游人获得更详细的祭天文化知识。2006年开展“天字”专题展览，即“天坛历史展”、“天天健康展”、“天文天象展”，设置展板150块。2009年在祈年殿、皇乾宫、皇宫宇、神乐署及祈年殿东配殿等处，分别举办了“清代祈谷大典陈设”、“祈谷坛祭祀神位供奉陈设”、“圜丘祭祀神位供奉陈设”、“中国古代皇家音乐展”、“祈年殿历史文化展”等8个展览。2010年，天坛公园邀请了北京天文馆举办大型科普图片展，介绍中国古代的天文历法及进行天文观测。在天坛公园西门北侧内、长廊等多处还有天坛古建、文物及古代祭天文化的展示，同时还展出天坛鸟类、天坛植物、天坛生态等。

（4）整体效果及评价

祭天仪式不仅是古人的仪式，也是珍贵的文化遗产，通过祭天文化活动这种形式再现当年的胜景，让后人去了解当时的文化景象和风俗。举办“天坛文化周”的目的是为了增加天坛公园旅游文化的内涵，而祭天文化展示活动也只能在天坛公园这样特殊的场合才能得到充分展示。正是基于这一点，在重新挖掘和丰富后，这一活动将长期保留下去。祭天表演再现了当年盛况，使游人体会古人天人合一的境界，受到了广大游客的欢迎和认可。天坛在新春举办祭天表演及相关的展览，对弘扬中华文化及让世人更多了解作为世界文化遗产的天坛颇有益处。

5.2.2 北京地坛公园庙会

庙会是古老而又鲜活的社会文化现象，它既是宗教的，又是世俗的；既是商业的，又是艺术的。现代庙会摒弃了封建时代的宗教色彩，淡化了农耕时期的年货交易功能，已经成为祈福感恩、游赏科普、娱乐餐饮于一体的大型综合性活动。自1985年首届地坛春节文化庙会举办以来，地坛公园已成功举办26届春节庙会，为传统民间文化与当代社会风情的集大成者。

（1）地坛公园及地坛公园庙会概述

地坛，又称方泽坛，最早为明朝皇帝为祭祀地神所建，位于北京城安定门外，与城东的日坛，城西的月坛，城南的天坛与先农坛遥相呼应，共成方圆。1925年辟为“京兆公园”，1928年改称“市民公园”后荒废，1957年恢复公园称“地坛公园”，1981年以来，国家投资对古建筑进行了复原整修。

1985年举办的“北京地坛春节文化庙会”是北京第一届现代庙会。地坛庙会也是第一家推出吉祥物的庙会，每年均向社会公开征集吉祥物的设计。近年来的游客总数量超过了上百万人次，其盛景被誉为当代的《清明上河图》和中国的狂欢节。

（2）地坛庙会以文化为核心的理念

数千年来，春节已经成为国人心中最深的民族情结，春节之所以能代代相传，是因为它积淀了上千年的传统文化，寄托了普通百姓祈求幸福平安的心愿。新时期人们追求和谐、崇尚美好的心理愿望，成为新时代庙会文化的核心主题。地坛结合这种时代的变化，打造出一种与现代生活相适应的全新庙会文化，赋予原有年俗形式以新的内容。近年来，传统节日文化的意义重新被人们所认知，人们努力发掘传统文化的内涵，培养起对本民族文化的感情，培养起对传统文化的自尊和自信。

地坛庙会一个重要的社会职能，便是诠释和保存节日文化中宝贵的精神文化遗产，以有形的文化活动形式，保存无形的精神文化遗产。地坛庙会以弘扬民间吉祥文化信仰为核心，以特色经营和文化娱乐为重要形式，积极协调商业经营与文化创新的关系，两者互相补益，产生了良性的互动和循环。

（3）地坛庙会的丰富内容

庙会是民俗与民间艺术的展示舞台，民俗技艺表演、餐饮小吃、传统祭祀表演、互动游戏等内容，共同营造出庙会上欢乐、喜庆、祥和的节日氛围，让人们以休闲、轻松的心情感受传统节日的美好。

1）互动游戏

传统庙会是个人、家庭和社会交流的一个纽带，是传统文化通向和谐社会的源泉。适合全家人一同游赏是地坛庙会的一大成功因素。

人们从长期相对封闭的小家庭走进一个大家庭进行集体欢庆，体会一种家的感觉和和谐的氛围，追求一种精神上的愉悦与满足。而带有参与性的活动，更能吸引人们的参与，如猜灯谜这样简单的活动都能吸引众多市民的参与和兴趣。

2）特色餐饮

在京城诸家庙会中，“吃在地坛”的说法由来已久。每年地坛庙会都汇聚了北京传统名号京味小吃，如茶汤李、全素刘、爆肚王、李记白水羊头，还有豆汁、焦圈、豌豆黄、锅贴、灌肠、卤煮火烧以及宫廷仿膳等等。

3）民间文艺表演

民间绝活表演，有特色的民俗或手工艺表演，最能吸引游人的关注，如捏糖人，评书表演，传统曲艺表演等。大型民俗、花会表演最能烘托庙会节日气氛。引入民族、地方特色剧目，可大大丰富民俗文艺表演的丰富程度。2009 年地坛庙会集合民间精髓表演，被列为国家级非物质文化遗产的优秀节目沧州狮子将以“单狮踩球过桥”、“双狮单球过板”、“三狮三球过板”、“六狮三球同时过板”、“四狮翻腾”、“雄狮甩尾大转弯”、“对狮前后翻”等一系列眼花缭乱、惊险刺激的精彩表演征服观众。参加过奥运会闭幕式演出的山西汾西鼓乐艺术团带来原汁原味的“威风锣鼓”表演。还有来自内蒙古的博克、陕北安塞的腰鼓、白族的八角鼓，或气势恢弘、或阴柔唯美。

4）传统祭祀表演

祭地礼仪是中华民族远古流传下来的一种纪念性活动，是我国古文化的组成部分，同时也是人们了解礼仪文明及明清历史的一扇窗口。具有浓郁历史文化内涵的仿清祭地表演，已成为地坛庙会的保留节目，从年三十到正月初七，每天上午 10：00 在方泽坛准时上演。海选出的平民“皇帝”带领 200 多人的表演队伍从斋宫浩浩荡荡向方泽坛进发，带着人们置身于庄严而神圣的祭地大典之中。

5）年货销售

每年地坛庙会中，都会涌现出特色鲜明、供不应求的“热卖商品”，其成功之处是展示了制作过程或是挖掘出商品的文化内涵。

那些充满民俗意蕴和艺术感的商品更受人们的欢迎和喜爱，其制作过程比商品本身更具有吸引力。吹糖人、串糖葫芦等已不仅是单纯的商品销售活动，更是庙会文化风景的组成部分之一。文化内涵比实用功能更有吸引力。在 2008 年北京地坛春节文化庙会上，体现浓郁传统文化特色的河北唐山皮影、津门贡掸、老北京门楼等 18 种非物质文化遗产和老北京物件展，最能吸引游客眼球。曾是清廷贡品的津门贡掸，制作精良、寓意吉祥，大受游客青睐。标价 3600 元的墨龙掸子大年初一就被买走，而用藤子杆外包红色或金色皮条，下缀红色中国结的小掸每天也能卖出几十把。

6）公益展览

“压缩商展办展览”是近年来地坛庙会的发展思路之一。地坛庙会非物质文化遗产广场，汇聚民间老手艺的盛宴，津门贡掸、北京木雕门楼、河北剪纸、泥人张、藏族热贡、陕西凤翔泥塑等民间工艺，带人们亲手触摸中国传统文化的厚重。无论是主旋律突出的主题公益展，还是运用现代科技手段的青少年科普展览以及与现场表演、商品销售相结合的民俗文化展览，都褪去了沉重的“商业展览外衣”，披戴上“公益”的新装。

（4）地坛庙会的评价

地坛庙会拥有纵横交错的经济文化脉络与异常丰富的活动组织形式，既传承了传统文化的精髓，保持了浓厚的年俗味道，又适应时代发展，加入了时尚、健康、品牌、互动参与等多种的新的元素。地坛庙会每年的红火热闹场面，为游人提供了感受节日氛围的环境，为商家提供了大好商机，为首都的春节文化娱乐增添了色彩，成为北京众多春节庙会中的知名品牌。

5.2.3　北京植物园热带蝴蝶展

蝴蝶是一种美丽的昆虫，也是一种生态环境变化的指示生物。正是由于城市的发展建设和自然环境的改变，蝴蝶翩飞的美好场景越来越难以见到。2008 年北京植物园举办“五洲连五环”花卉展，与马来西亚槟城蝴蝶园联合主办热带蝴蝶生态展，是整个花展的一个亮点。目前，蝴蝶展馆已经成为北京植物园的一处固定开放场馆，吸引更多的人到植物园发现自然之美。

（1）蝴蝶展的筹备工作

1）涉外展览需做好文件报批和协调工作

本次活动属于国际间的合作展览，需上报上级主管部门北京公园管理中心批准。由于属经营性的展览活动，门票价格也需要由北京市发改委审批。涉及活体动、植物的进出口检疫，防止生物入侵和病虫害传播，需要进行专家论证，到相关部门办理一系列的检疫与进口手续的审批。此外，由于国家间各自理念存在差异，工作上活动的组织与协调，展览过程中的实施与管理等，需要相互的融合与磨合。

2）展览的策划原则

此次展览综合运用了情感原理、创新原理、人文原理，来满足公众的心理需要。随着城市的迅猛发展所带来的喧嚣、拥挤和环境污染，以及生活的节奏的加快带给人们精神压力的增大，人们需要调整身心、舒缓情绪。随着社会文化水平的提高，那种对新奇事物知识的渴求也变得越来越迫切，尤其是孩子们对自然生物的好奇心需要得到满足。因此展览营造轻松优美的自然环境，让游人得以放松心情，同时利用各种形式的科普手段，满足人们对昆虫知识的好奇。

3）场馆的改造与环境布置

蝴蝶馆场地的选择既要保证蝴蝶的生存条件，又要兼顾植物的生长要求，所以选择了低温温室作为展馆。低温温室是一个相对封闭的区域，通过外加安全防护措施，可以满足防范物种入侵的和病虫害的传播的要求。为了满足热带蝴蝶的生存条件，植物园对展馆进行了改造修缮，增加了空调、水源、通风等设施，把整个展出环境打造成一个浓缩的自然生态空间，如同热带雨林。在小小的生态园中，布置了小桥流水，栽植了多种蜜源植物，阳光充足，温度和湿度都非常接近马来西亚的原生态环境，使美丽的蝴蝶能在里面悠然自得，翩翩起舞。

(2) 蝴蝶展的特色内容

热带蝴蝶生态园由蝴蝶翩飞馆、昆虫馆、科普标本馆三个展区组成，分别以蝴蝶放飞、活体昆虫展示和昆虫、蝴蝶标本展示为主，融知识性、趣味性为一体，是国内第一家进口活体蝴蝶和昆虫品种最全、标本最多的一次科普展览。

1) 此次蝴蝶生态展将马来西亚的热带蝴蝶与中国云南的温带蝴蝶，汇集于翩飞园中，游人可欣赏来自两个不同地带的活泼动态蝴蝶，怡然自得地飞舞。

2) 新奇的昆虫展示，有雄壮的橡胶木犀金龟、艳丽的红玫瑰毛蜘蛛、强悍的亚洲巨型黑蝎子及一批伪装能力超强的叶㮋、华丽弧纹螳、兰花螳螂、巨型刺㮋、巨刺棒竹节虫及马来葛莱尔竹节虫等。

3) 标本馆展出了数量众多的蝴蝶与昆虫标本，如体量最大的飞蛾、巨型的多足马陆、超大的多毛蜘蛛"黑寡妇"、"狼蛛"等。游客还将在这里看到用蝴蝶做成的各种工艺品，了解各种关于蝴蝶的科普知识，并可以亲自参与到蝴蝶工艺品的制作中来。

(3) 蝴蝶展的宣传

为了使本次活动让更多的人知道，在新闻报道中，挖掘亮点、新奇点和新闻点。如用"首次"、"最多"、"最全"等字眼突出了本次展览的亮点，许多"奇虫"都是首次在国内亮相；首次将马来西亚的热带的蝴蝶与中国云南的温带蝴蝶共同展出；国内第一家进口活体蝴蝶和昆虫品种最全、标本最多的一次科普展览。在宣传上用了很多新奇问题，侧重于引起人们的好奇心，如"你是否见过化身为兰花的螳螂呢？是否见过堪称最华丽的螳螂呢？是否想见识见识匿藏于身边、不动声色的绿荫隐身昆虫族呢？"这么多诱人的答案等待游人在蝴蝶馆中自己去揭晓。

为使活动吸引游人的关注，在门区重要位置竖立广告牌，沿路悬挂标识彩绘，并通过专栏、专版和各个媒体新闻报道让公众知晓。

（4）蝴蝶展的效果评价

蝴蝶馆除了展出静态的名贵蝴蝶和珍奇昆虫标本，还有动态的蝴蝶羽化过程和独特的蝴蝶放飞展示。在有限空间里，人们可以了解昆虫知识，得到回归自然的乐趣。在赏蝶、观虫的休闲游览活动中，轻松地获得生物多样性的相关知识。在亲近自然的同时，感受人与自然和谐共处的理念，提高人们珍视自然、保护生态环境意识。

北京植物园的热带蝴蝶展获得了公众的认可，尤其是孩子们的喜欢，在展览中见到了真正的兰花螳螂、"黑寡妇"蜘蛛等罕见的昆虫。此次活动属于国际间联合举办的活动，前期投资较大，若要实现良好的社会效益和经济效益，还需要一段时间培育市场使之更具规模，让所有的大众都能找到一个亲近热带昆虫、感受自然的良好场所，同时带来更好的经济效益。

5.2.4 景山公园恐龙展

景山公园地处北京城区中心中轴线的最高点，南与故宫隔街相望，西邻北海公园，是一座环境优美的皇家园林。2010 年 7 月至 8 月，景山公园与四川自贡恐龙博物馆联合举办恐龙展，在这样一座环境优美的皇家园林举办大规模的室外恐龙展示尚属首次，开创了现代展示活动与传统皇家园林的完美结合。

（1）景山公园介绍

景山公园红墙环绕，占地 $23hm^2$，园内松柏葱郁，古树参天，站在山顶登高远眺，俯视金碧辉煌的古老紫禁城与北京城市新貌。景山是金、元、明、清四个朝代的御苑，金代建太宁宫，凿西华潭（今北海），在此堆成小丘，成为景山的雏形，明清两代的皇帝都曾经对其进行了大规模的改建、扩建，作为大内御苑，是仅供皇家举办皇室活动的地方。中华民国十七年（1928 年）景山作为公园正式对外开放。中华人民共和国成立后，景山公园的面貌发生了很大的变化，1954 年北京市人民政府将景山的寿皇殿辟为少年宫，作为少年儿童活动场所。1980 年以来，景山公园逐渐成为中、老年人休息、健身和娱乐的场所，是京城百姓开展各项文娱活动最喜爱的公园之一。

近年来，在“文化建园”方针的指引下，景山公园每年举办传统的特色的花卉展览，春季的牡丹展、夏季的荷花展、秋季的秋实秋菊展及各种文化活动，使这座古老的皇家园林充满了新时代的生机，吸引了大批游人的观赏。

(2) 恐龙展展览内容

景山公园自贡恐龙文化展于 2010 年 7 月 20 日至 8 月 31 日举办，由景山公园与四川自贡恐龙博物馆联合主办，是北京公园管理中心开展的“公园文化节”系列活动之一。此次展览是京城首届最大型露天恐龙展。

展览集中在景山公园后山从东门到西门的主路两侧，布置了来自四川自贡恐龙博物馆的馆藏化石和模型，几乎囊括了所有恐龙的种类。与在展馆内的恐龙展出不同，园内树木参天，殷绿的草坪上散布着形态各异的恐龙，还原了恐龙觅食、猎食的场景，还可以看到两只穿梭于树丛间的翼龙，游客恍然间仿佛进入侏罗纪时代。

展览分 16 个展区 32 个种类，共计恐龙 75 具。东门展区以展示恐龙化石骨架为主，共展出玻璃钢骨架 8 具，其中最大的展品安岳马门溪龙长 22m、高 8m、宽 2.2m，是迄今我国发现的保存最完整的马门溪龙；而最小单体只有 1m 多。西门展示区以仿生恐龙模型为主，仿生恐龙共 67 具，分为 14 组，分布在后山的树林中。这些仿生恐龙大部分展品集声、动、形为一体，有些会摇头，有些会摆尾，有些会张嘴眨眼，还能发出巨大的嘶吼声。展品中还有两只可以下蛋的副龙栉龙、鸭嘴龙，受到小朋友的喜爱。

(3) 科普宣传及经营活动

为了丰富展览的内容，让游人对远古的恐龙有更深的认识，公园在东门举办了《中国国家地理——恐龙展》公益图片展，让游客更能详尽地了解恐龙的相关知识。

形态各异的恐龙是孩子们的最爱，主办方为了迎合孩子们的喜好，还在园区内专门开设了恐龙玩具专卖屋，有恐龙图册、塑胶恐龙模型、会动的恐龙电动玩具等。吸引小朋友的恐龙下蛋，得到的恐龙蛋打开后就是一个小的恐龙玩具。

（4）恐龙展的整体评价

此次恐龙展选择暑假期间举办，活动定位准确，对中小学生实行低票价，学生票仅5元，展出的内容和开展的活动非常适合家庭亲子同游。针对儿童的喜好，展示了生动的恐龙仿真模型，简明的文字介绍，孩子对动态恐龙的直观感受良好，也带动了恐龙玩具、图书、模型的销售。暑期举办此类科普展，既能丰富儿童的假期生活，取得了良好的经济效益，同时也取得了普及恐龙知识的社会效益。

5.2.5 陶然亭厂甸庙会

庙会源于辽代，鼎盛于清代，兴旺期延续到民国和解放之初，是北京春节期间传统文化生活的重要内容。在文化生活极大丰富，娱乐活动多姿多彩的今天，庙会上浓浓的喜庆劲和年味儿，仍然是北京人过春节时难以割舍的情结。2010年的农历正月初一至初五，著名的厂甸庙会改在陶然亭举办，由北京京都文化投资管理公司主办，北京市政府、北京市公园管理中心、宣武区政府等单位协办，为传承这一传统文化作出了有益的尝试。

（1）厂甸庙会的历史沿革

厂甸庙会始于明代嘉庆年间，兴于康熙年间，在四百多年的历史变迁中，逐渐享誉世界，作为老北京标志性庙会，与南京夫子庙庙会、上海城隍庙庙会和成都青羊宫庙会并称中国“四大庙会”。也是北京历史上八大庙会中规模最大、影响范围最广最负盛名的一个。2001年春节期间，在宣武区政府的努力下，中断了37年的厂甸庙会重新开市，现已成功举办九届。庙会中的“花会行进”、“五行八作”吆喝表演、“厂甸八大绝”等极富民俗韵味的特色项目，还有一些各种各样的民间手工艺品，吸引了众多市民逛庙会。

厂甸庙会曾是北京唯一的开放式庙会，每年都在南新华街两侧设置摊位，由于庙会期间道路不能通行，给周边交通造成了一定的不便，

2010 年，宣武区政府将厂甸庙会进行了空间拓展，形成“一地、一线、一园”的新格局，南新华街不设任何摊位，不再采取限行措施，只在东、西琉璃厂开辟文市专区，突出琉璃厂的文化氛围，将庙会的民俗区移到了陶然亭公园，依然沿用“北京厂甸庙会”的名称。

（2）首届陶然亭厂甸庙会的主题确立

几百年来，北京厂甸庙会一直以平民性强、民俗味浓的姿态出现。作为厂甸庙会的拓展区，陶然亭公园为封闭式的民俗区，以“非遗之花萃名亭，民俗风情乐陶然”为本届庙会主题，包括传统民俗表演、创意性和国际化的商品展卖、非遗项目展示以及民间手工艺制作表演等内容。

第一届陶然亭厂甸庙会有三大主题特色：第一，传统与时尚结合。用更加丰富、精品的传统民俗表演，以具有科技感和时尚感的环境装饰，饱含创意性和国际化的商品展卖，共同营造出庙会的喜庆氛围。第二，名亭文化与非遗文化结合。名亭对应非遗项目的展示，呼应主题“非遗之花萃名亭”。两个文化名牌的融合，相得益彰、相映生辉。第三，高雅文化与民俗文化结合。以诗书画印为特色的琉璃厂“士”文化，集民间手工艺和民俗表演为一体的民俗文化，相互交融，使本届庙会成为雅俗共赏的精品荟萃。

（3）庙会期间公园的整体环境布置

陶然亭公园民俗区以喜庆的红色为主色调进行环境布置，东门外设置景观“欢欢喜喜闹新春”，北门为景观“桑竹交融，友谊花开”，将大型空竹置于红色中国结中，南门景观“风调雨顺”将极具民族特色的大红风车、大红灯笼、大红门、绣球组合在一起，喜迎天下宾客。

为了让广大游客充分感受热情、欢乐与祥和的厂甸庙会，主办方首次推出了吉祥物“欢欢”和“喜喜”，手握风车和糖葫芦的“欢欢”、“喜喜”身着新衣、满怀笑容，喜迎八方来客。这两个憨态可掬、机灵可爱的小家伙以活泼可爱、亲和力强为设计理念，以老虎帽子为设计元素，他俩还将化身招财迎春的童子，周围衬托各式冰糖葫芦，在民俗区陶然亭公园北门迎接游客的到来，并带去事事如人意、虎虎有生气的祝福。

(4) 庙会的主要活动

1) 传统民俗表演

民俗表演区汇集了国家级、市级和区级非物质文化遗产保护项目的文化演出活动。在民俗区中心舞台，“付氏宝三”艺术团的中幡、摔跤表演，学明艺术团的赛活驴、双簧、天桥穆派戏法等10个节目轮番上演；失传百年的“幡鼓齐动十三档”中的八档节目也重现厂甸庙会，主办方还邀请13支优秀队伍表演“徐水狮子”、“众友同心中幡圣会”、“群英同乐小车会”等传统花会节目。

2) 群众娱乐表演

庙会期间，举办京都陶然之星艺术展演活动，为广大群众提供一个施展才华、自娱自乐的平台。2010年为群众文化年，厂甸庙会也以此为契机，拉近与群众间的距离，吸引群众广泛参与。11个陶然亭公园常驻艺术团体于大年初一至初五期间，每日14：30到15：30为大家奉上喜闻乐见的精彩节目，其中包括群众熟悉的红太阳合唱团、沙枣花艺术团带来的特色节目。此外还有太极剑、打花棍、器乐演奏以及热情活泼的新疆舞、美轮美奂的扇子舞、活力四射的街舞等丰富多彩的表演内容。

3) 公益活动

为帮助特困群体，主办方联合中国儿童少年基金会还将从大年初一至初五在陶然亭公园北门广场组织开展“厂甸庙会爱心义卖活动”。眼下，已经汇集了影院年卡、皮影装饰、京剧脸谱牙签筒、字画、文具、京剧光碟、挂饰、毛茸玩具、手套等义卖物资，帮助困难特殊群体点燃对生活的希望与激情，感受社会的温暖。

4) 特色商品经营

本届庙会陶然亭公园设置的摊位约有200个。东门设置了非遗展示专区，免费提供9个非遗摊位，为非遗手工技艺传承人提供展示的平台。集中展现花灯、药香饰品、泥塑、空竹、皮影、北京砖雕、工艺脸谱、七巧板、核桃卢、艺术宫灯、琉璃、面人等11个“非遗”项目，让广大百姓更直观地体验传统技艺的精湛，感受传统文化的魅力。

在对庙会的功能细分后，在市场招商中以引进名牌为目标，以提高品位为宗旨，突出庙会的“逛”字，满足百姓对高品质庙会的需求。琳琅满目的庙会商品中既有新颖时尚的服装饰品，又有充满民俗风韵的春联、灯笼等丰富的年货品种，而众多趣味游艺项目也将让大小朋友乐在其中。

为了让更多喜爱厂甸庙会的朋友能够乘兴而来、满意而归，吉祥物“欢欢”、“喜喜”将限量发行，供大家珍藏。

(5) 服务保障及安全保卫措施

为了保障庙会的安全有序进行，主办方招募了志愿者为南来北往的游客提供帮助。志愿者们在陶然亭公园内提供语言翻译、信息咨询、医疗救助和便民服务等多项服务。

主办方在安全保障方面进行了缜密的部署，合理安排行进线路，避免人流的冲突，拥挤。制定了严密的检查，确保庙会安全，开幕前对所有设施进行了排查，制定了突发事故应急预案，设置了紧急疏散点。

(6) 案例评价

作为区域重要节庆文化活动，保持历史文化风貌与倡导现代文明生活，并使之协调统一，厂甸庙会都有重要的意义。2010年陶然亭北京厂甸庙会在秉承传统文化的同时结合时代特征，与时俱进，本着“经典需要传承，辉煌必将延续”的理念，以花会表演、传统手工艺展示等体现非物质文化遗产项目；以百货杂陈、风味小吃繁荣庙会经济；以健全的组织指挥系统及周密的安保措施，确保庙会活动安全有序进行；以关爱、互助的社会公益活动，展现社会的和谐，体现庙会的以人为本；以园内的自然环境与商业、文化演出的合理布局，突出绿色消费、绿色经济的理念；以丰富多彩的民俗活动和非遗展示烘托欢乐祥和的节日气氛，保持和发扬北京厂甸庙会悠久的历史文化底蕴，彰显庙会的人文特色。

2010年陶然亭北京厂甸庙会定位鲜明，活动富有民族特色，保持了浓厚的民俗味，是一项对非物质文化保护的有益尝试，期待着更好的传承和发展。

5.2.6 龙庆峡冰灯节

1987年，龙庆峡旅游总公司在延庆县委、县政府的扶持下，在龙庆峡景区成功地举办了第一届冰灯艺术节，延续至今已有24届，成为了北京冬季旅游的传统项目，填补了京郊冬季旅游的空白。

延庆的平均海拔在500m以上，年平均温度不超过10℃，冬季最低温度可达−19℃。龙庆峡风景区，位于延庆县城东北10km的古城村西北的古城河口，古城河流经的长约7km的天然峡谷中，内有金刚山、鸡冠山、钟山等三十余处景观，古称“古城九曲”，其水源于海坨山东麓，经玉都山汇入古城水库。古城水库水量充沛，库容28万m^3，水深40～50m，非常适宜冬季采冰。独特气候条件和得天独厚的环境资源相结合，使冰灯展得以呈现在人们面前，让人们在冰雪营造出的梦幻景观里，领略冰雪文化的独特魅力。

每年龙庆峡冰灯节开始前和进行中，主办方都会利用各种媒体对当年的活动进行密集宣传。通过《午报》、《法制晚报》、《电视周刊》等发布冰灯展的主题和举办时间。还通过北京电视台天气预报广告来宣传，扩大活动的知名度和影响力。此外，还派出营销人员在北京市内及周边城市的社区、学校、旅行社进行深入推广。近年来，随着网络的普及，网络宣传也成为冰灯展宣传方式之一。

（1）展览及环境布置

每届龙庆峡冰灯展都有一个鲜明的主题，再围绕主题进行景区规划和布展。回顾龙庆峡冰灯展历年的主题，题材丰富，不断创新，尤其是近年，更加紧扣国家发生的重大事件，表现国家日新月异的发展。如2008年是奥运之年，以“畅想奥运”为主题；2009年是建国六十周年，以“盛世中华”为主题；2010年，中国举办世界博览会，为了展示国家的发展建设成就，展览的主题定为“盛世辉煌”。

1）景区整体布置

整个冰灯展区位于龙庆峡巨坝之下，两山峡谷之间，占地 16hm^2，每年展出的冰雕雪雕作品约 400 余件。按功能又分为远近环境区、彩灯区、娱乐区和冰灯展区。彩灯区以展示各种传统工艺的花灯为主，集合了国内各地不同风格的彩灯精品。远近环境区，在山上布置了亭台楼阁的建筑造型。每年冬季，由山体自然渗水而形成巨大的林立冰挂，构成罕见的冰瀑奇观，也成为冰展壮阔的背景的一部分，尤其是顺水库 70m 高的坝体上倾泻而下的巨大冰瀑，恢宏壮观，下饰冰花、冰柱，形成一座飞流千尺晶莹剔透的冰雪乐园。

每当夜幕降临，各色彩灯耀眼夺目，同时夜景灯光将山上的建筑造型和山体上的冰挂点染勾勒出来，整个展区被灯光渲染得绚丽多彩，配合优美的音乐，营造出仙境般的氛围。

2）冰灯展区的展览布置

龙庆峡旅游公司专设有冰灯办公室，负责展览的主题设计，展区的规划和冰灯的制作。一般每年在 12 月份就要进行采冰制作，从古城水库内取出大量 1m 见方的冰块，再用电锯将冰块加工成需要的形状，然后像建筑材料一样，按照设计图纸逐层搭建起来，同时将各种颜色的低温的日光灯管放入冰槽内。

冰灯作为一门综合性艺术，不仅要有整体艺术结构，单体的精雕细刻，还要有与之适应的多种工艺的配合。冰彩结合是龙庆峡冰灯展的一个创新，近年来设计制作的冰灯、彩灯综合展示效果愈加精美。冰灯区内各组冰灯以至一个单体造型，也多以彩灯衬托或装饰。游客既能欣赏到哈尔滨冰灯磅礴气势和精细雕工，也能感受到自贡、山西彩灯传统技艺，以及江南彩灯精巧细腻。

每年的冰灯展期间，主办方设置一个 7000m^2 的大型展棚，在展棚内进行冰灯的制作和展示，通常分为三个不同展区。

第一展区，近年来是作为龙庆峡国际冰雕、雪雕大奖赛的比赛场地。这项赛事自 2005 年首次开办以来，已经连续举办了六届，每年都能吸引国内外 20 多支队伍参加，随着各国雕刻艺术家的踊跃参加，已成为名副其实的国际冰雕雪雕盛会。参赛的每个团队要提交两件作品，融汇着各个团队的精彩创意和高超技艺的艺术精品，都会在这一展区得以呈现。

第二展区，多以中外著名建筑的微缩景观为主，用冰营造园林景观、亭台楼榭，在冰雪中体验游园的趣味。

第三展区，历年都是以表现中国著名的古代建筑为主。其实冰灯可表现的内容十分丰富，中外名胜古迹、神话传说、人物鸟兽、花草树木，都能用冰灯艺术地再现出来。但受冰的材质特性限制，表现建筑题材更为适宜。如 2010 年设置了“中华名楼”专题，呈现出黄鹤楼、岳阳楼、鹳雀楼、滕王阁等共计 30 多处景观，南坡的“江山如画”，采用了彩冰浮雕的技法，在制作技术上是创新之举。

(2) 娱乐互动项目及文化活动

除了让参观冰灯的游客享受视觉上的盛宴，主办方还特意设置了很多游客参与的冰雪娱乐项目，让游客和冰雪亲密接触。如冰滑梯、冰迷宫游、冰上陀螺、滑冰、雪地激战等，室内有雪滑道供游人选择。

每年冰灯节展览期间，都在中国传统节日春节、元宵节前后，主办方安排了内蒙古歌舞团在文化广场的常驻表演，以及中国民间花会汇演，此外还有猜灯谜、放烟花等传统文化活动增添节日喜庆气氛。

(3) 案例评价

龙庆峡景区充分利用延庆的地理、气候条件，以大型冰灯雪雕展为主，配合传统彩灯、灯光等，营造出绚丽奇幻的冬季冰雪夜景。同时加入了冰雪游戏、民间花会表演等文化活动，使之成为一项大型的冬季游览项目，从而丰富了首都人民的节日文化生活，弥补了京郊冬季夜间旅游的空白。虽然景区距离市中心比较远，但还是以其独特的自然冰雪景观和冰灯技艺展示吸引了众多游人，每年接待游人近 20 万人次，带动了其他产业的发展，为繁荣延庆经济做出了贡献。

龙庆峡冰灯在国内逐渐形成了自己的品牌，通过国际冰雕雪雕比赛的举办，使龙庆峡冰灯在国际上也产生了一定的影响，极大地提高了延庆的知名度。

5.2.7 洛阳牡丹花会

牡丹花富丽堂皇、国色天香，是我国的传统名花，在我国有着悠久的栽培历史和深厚的文化内涵，其中河南洛阳和山东菏泽由于独特的自然环境成为牡丹的两个分布和栽培中心。洛阳牡丹始于隋，盛于唐，甲天下于宋，目前有红、白、粉、黄、紫、蓝、绿、黑及复色 9 大色系、1100 多个品种。现建有国家牡丹基因库、国家牡丹科研所和 11 个大型牡丹观赏园，种植和观赏面积已达 3 万多亩。每年 4 月花开时节，花海人潮，蔚为壮观。

1982 年 9 月 21 日，洛阳市人大常委会通过决议，将牡丹花作为洛阳市“市花”，每年根据牡丹开放情况于 4 月某日至 5 月某日举办洛阳牡丹花会。从 1983 年至今（2010 年），洛阳已连续举办了 28 届牡丹花会。二十多年来，洛阳牡丹花会已经成为全市人民政治、经济、文化生活中的一件大事，成为洛阳人民不可或缺的盛大节日，成为洛阳发展经济的平台和展示城市形象的窗口，成为洛阳走向世界的桥梁和世界了解洛阳的名片。

（1）洛阳牡丹花会发展概略

1983 年 4 月 15 日至 25 日，首届洛阳牡丹花会正式举办。洛阳市委对活动非常重视，当时洛阳市市长任普恩亲自到开幕式上发表了热情洋溢的讲话。第一届牡丹花会以赏花为主要活动，期间共接待来自 7 个国家、地区和全国 22 个省、市、自治区的游客 250 万人次。直到 2004 年，每届牡丹花会都基本在 4 月 15 日至 25 日的期间举行，每届 10 天。

1985 年第三届牡丹花会举办时，洛阳市借机召开了首届中外经济技术洽谈会，并签订协议书及合同书共 86 项。以后每年洛阳市都在花会期间召开经济技术洽谈会并取得了极大的成功。

1991 年 4 月，河南省委、省政府决定，将“洛阳牡丹花会”更名为“河南省洛阳牡丹花会”，从而形成洛阳搭台、全省唱戏的崭新模式，使牡丹花会成为河南省对外开放的重要窗口和平台。同年 4 月，洛阳市开始举办首届洛阳民俗文化庙会，以后每年同期举办民俗庙会，丰富了花会期间的文化活动。

2005 年年初，为贯彻实施“工业强市、旅游强市”发展战略，将牡丹花会与“五一”旅游黄金周结合起来，扩大牡丹花会的规模、影响和经济拉动作用，洛阳市人大常委会将牡丹花会的会期改为每年的 4 月上旬至 5 月上旬，会期从 10 天延长至一个月。

2008 年 3 月，第 26 届牡丹花会确定了吉祥物和会徽，同年 6 月，洛阳牡丹花会被国务院确定为国家级非物质文化遗产，成功入选第二批国家级非物质文化遗产名录的民俗项目。

截至 2010 年，经过 28 年的实践探索和丰富完善，洛阳牡丹花会已经形成了自己的特色，在国内外具有较大的影响力和知名度。28 年来，牡丹花会从最初的“以花为媒，广交朋友，宣传洛阳，发展经济、花会搭台、经贸旅游唱戏，政府搭台、企业唱戏”，发展到“把牡丹花会办成招商引资、招才引智、招展引会、招团引游的平台，广大市民和游客的节日”的牡丹盛会。从单纯的赏花观灯活动逐步发展成为融赏花观灯、旅游观光、经济贸易、文化体育为一体的大型综合性节会活动。

（2）洛阳牡丹花会特色活动

洛阳牡丹花会已经发展成了一个大型的综合性节会活动，花会期间活动异彩纷呈，主要包括大型演艺活动、经贸活动、旅游及文体活动等。每届既有传统经典活动项目，又有推陈出新的新项目，力求为广大市民和游客营造浓厚的节日氛围。

1）大型演艺活动

洛阳牡丹花会举办大型演艺活动具有非常悠久的历史。在 1987 年第 5 届花会期间，相声大师侯宝林先生就曾经来到洛阳演出。1990 年第 8 届花会期间召开了马金凤舞台生活 60 年纪念会暨艺术研讨会，67 岁的马金凤主演了新编豫剧《神都女皇》。1991 年第 9 届花会时专门举办了庆典晚会，河北省武警文工团 100 余人参加演出，其中有著名歌星李玲玉、屠洪刚。自此，每届花卉都有一场综合性庆典晚会，专项大型演艺活动数量不定。综合性庆典晚会如第 12 届洛阳牡丹花会庆祝大会及大型文艺演出《欢聚牡丹城》、第 13 届牡丹花会庆祝大会及大型文艺演出《牡丹颂》、第 14 届洛阳牡丹花会开幕式及大型文艺晚会《潮涌牡丹城》、第 19 届洛阳牡丹花会庆祝晚会《牡丹花开新世纪》等综合性庆典晚会，众多著名歌手及主持人参与主持及演出。专项大型演艺活动如潘美辰歌迷演唱会（2002 年，第 20 届）、大型舞蹈诗《河洛风》(2005 年，第 23 届)、同一首歌走进钼都栾川(2006 年、第 24 届)、SHE 世界巡回演唱会及《新不了情》——蔡琴演唱会（2010 年，第 28 届）等。

2）经贸活动

从第三届花会开始，经贸活动开始启动，以后逐年得到加强和重视，每年除举办一次经贸洽谈会外，还举办了诸如洛阳市第二届名车展示会（2003 年第二十一届）、2005 中国拖拉机工业精品展示会、中国洛阳信息技术产品博览暨高科技成果交易会（2005 年第 23 届）、2006 中国洛阳第五届名车展、2006 中国洛阳春季商品房展示交易会等为专项经贸活动。

3）文体活动

文体活动是牡丹花会的重要活动，从最初单纯的赏牡丹、观花灯，现在发展到了每年近 20 个项目包括赏花绘画、诗歌书法及各类赛事。如 2010 年第 28 届花会期间举办了洛阳牡丹灯会、洛阳市第 20 届民俗文化庙会、河洛百家绘石画增辉洛阳城、第 5 届牡丹花开幸福来万人相亲交友大会、2010 洛阳牡丹婚典、洛阳“牡丹仙子”选拔大赛、第 12 届全国旅游城市国标舞公开赛、第 21 届洛阳“泉舜牡丹杯”全国门球邀请赛、中日韩国际书法展及书画艺术交流会、第 28 届牡丹花会全国农民画展及第二届大学生诗歌朗诵艺术节等 18 项文体活动，可谓异彩纷呈。

4）旅游活动

牡丹花会带活了洛阳乃至河南省的旅游行业，河南省每年借着牡丹花会的影响大力发展旅游产业，组织了各种类型的旅游活动，如河南汝阳杜鹃花节、伏牛山登高节、黛眉山旅游文化节、绿竹风情旅游节、紫金山道教文化节等。

(3) 洛阳牡丹花会的重要作用

牡丹花会迄今已经举办了 28 届，她的意义已经远远超过了一个普通的文化节，她从很多方面为洛阳的经济、为牡丹的发展做出了巨大的贡献。

1) 加快了牡丹产业的发展

牡丹在洛阳有着 1500 年的栽培历史，牡丹花会的逐步提升极大地加快了洛阳牡丹产业的发展。近年来，洛阳市委市政府明确提出了牡丹发展战略，由市政府贴息扶持扩大种植面积，加快牡丹商品化产业化步伐，在近郊农村扶持牡丹发展。同时还积极发挥数十家牡丹生产企业的龙头带动作用，通过“公司＋基地＋农户”的形式，扶持农户发展观赏型、商品型牡丹。在规模化种植的同时，还加大了对牡丹的科技开发力度。目前，洛阳市已建立了国内规模最大、品种最多的牡丹基因库，牡丹品种也发展到了千余个，全市牡丹基地达 90 处近 2 万亩，商品牡丹远销港澳、东南亚和欧美等 20 多个国家和地区。

2) 有力提升了洛阳形象

牡丹花会作为洛阳的一大名片，是宣传洛阳的最好载体。每届花会的开幕式和庆典晚会等重要活动都会在中央电视台等媒体上连续播放。另外，花会期间层出不穷的文体、经贸、旅游活动等都是宣传的亮点。众多中外记者对洛阳和牡丹花会全方位的宣传报道有力地提升了洛阳的形象，扩大了洛阳在海内外的影响。

3) 促进了招商引资

洛阳市委市政府要把牡丹花会办成一个展商引资的平台，事实证明，牡丹花会的确为洛阳市的招商引资立下了很大的功劳。从第 3 届牡丹花会开始，招商引资逐渐成为花会的一个重头戏。洛阳市各有关部门在花会期间组织相应的博览会和举办专题展销活动，使整个花会期间的经贸文化活动丰富多彩，招商引资气氛热烈，成果显著。

4）拉动了旅游产业

举办牡丹花会最直接的收益就是能提高在旅游方面的收入。花会期间，大量外地游客来到洛阳观赏牡丹，使旅游业成为洛阳市最具发展潜力的产业之一。河南省委省政府及洛阳市委市政府遂以牡丹花会为龙头，通过改善及新建各种新老景区、挖掘各种旅游市场、开发各种旅游商品、举办丰富多彩的旅游活动等种种措施来拉动整个地区的旅游产业。据统计，28 届花会共接待海内外游客 9000 余万人次，仅第 28 届花会期间洛阳市接待游客 1622.31 万人次，旅游总收入达 80.06 亿元。

5）带动了城市建设

为了全方位发展牡丹花会，从 2000 年第 18 届牡丹花会开始，洛阳市每年都要集中力量完成一批“花会工程”。如 2003 年第 21 届花会期间，洛栾快速通道、龙门南北两座大桥、小浪底中心码头、新街道路、中洲渠综合改造、周公路改造、69 条社区道路改造等，就被列为当年的重点工程，也就是“花会工程”。多年来，洛阳市先后建设了飞机场，改扩建了火车站，完成了一大批路桥和基础设施建设，形成了城市道路网络和各县市的快速通道，建成了一批公园、绿地、水面、广场及群众休闲娱乐场所，城市建设正日趋完善。

（4）洛阳牡丹花会的成功启迪

洛阳牡丹花会是一个非常成功的综合性节会活动，经过 28 年的发展，规模宏大、效益显著。究其原因，有以下几点非常值得推荐：

1）科学决策，选好主题

作为古都，洛阳在很多方面具有独特的优势。但是，什么东西最具有吸引别人眼球的魔力？最具有开发和挖掘的潜力？决策层最后确定了牡丹作为自己的名片。牡丹是我国特产的传统名花，花大色艳，在我国可谓家喻户晓，具有深厚的文化底蕴。洛阳横跨黄河中游两岸，位于暖温带南缘向北亚热带过渡地带，属暖温带大陆性季风气候和亚热带气候，四季分明，气候宜人，非常适宜牡丹的生长。大自然对洛阳的厚爱，加上历史赋予牡丹深厚的文化积淀，成功地催育了长盛不衰的洛阳牡丹花会。

2）政府主导，组织保证

洛阳牡丹花会至今已经举办了28届，规模越来越大，效益越来越好，影响越来越广。这不是某一个部门或某一个单位就能单独完成的，这是洛阳市委市政府乃至河南省委省政府高度重视、全力主导的结果。自花会创办以来，每年都成立由省政府领导和省委常委、市委书记担任名誉主任，市长担任主任，有关副书记和常委、副市长担任副主任的花会组织委员会。这种高规格组委会为花会成功举办提供了强有力的组织保证。另外，洛阳市专门成立了牡丹花会办公室、市节会管理办公室等组织机构，全市综合管理，统一规划，保证各届花会能够顺利实施。

3）推陈出新、勇于探索

牡丹花会是一项综合性很强的系统工程，单靠政府唱"独角戏"不行，必须转变观念，充分发挥各方面的积极性和创造性，动员全民参与，才能使花会丰富多彩，充满活力。随着时间的推移，牡丹花会已由刚开始时的政府统揽统包逐渐发展成为由全社会共同举办，各县（市）区、各部门和广大基层单位结合本地区本单位实际，充分发挥主观能动性和创造性，积极承办花会各类会展、比赛、演出等经济文化活动，取得了非常好效果。在活动内容方面，牡丹花会由最初的单独赏花观灯发展成为融经贸、赏花、旅游、文化为一体的综合性活动。尤其是经贸活动的举办，极大地调动了各类企业开拓市场、对外宣传的积极性。28年来，牡丹花会牢牢坚持花会搭台、经贸唱戏这一正确导向，不断改进办会方式，才得以轰轰烈烈延续下来。

参考文献

[1] 李敏著．中国现代公园——发展与评价［M］．北京：北京科学技术出版社，1987.

[2] 中国建筑工业出版社编．城镇规划与园林绿化规范[M].修订版．北京：中国建筑工业出版社，中国计划出版社，2003.

[3] 克莱尔·库珀·马库斯卡罗琳·弗朗西斯编著，俞孔坚等译．人性场所——城市开放空间设计导则［M］．北京：中国建筑工业出版社，2001.

[4] 陈放著．中国旅游策划［M］．北京：中国物资出版社，2003.

[5] 郑秉军，郑西平主编．景观［M］.

[6] 郭建庆编著．中国文化概述［M］．上海：上海交通大学出版社，2008.

[7] 王钧，刘琴编著．文化品牌传播［M］．北京：北京大学出版社，2010.

[8] 北京市公园绿地协会．协会动态［M］.

[9] 王伟，浮石著．活动创造价值[M]．长沙：湖南科学技术出版社，2009.

[10] 朱迪·艾伦（Judy Allen）（美）著，王向宁等译．活动策划完全手册［M］．北京：旅游教育出版社，2006．

[11] 卢晓编著．节事活动策划与管理［M］．上海：上海人民出版社，2009.

[12] 朱瑞波，于忠编著．现代庆典策划设计［M］．北京：中国电力出

版社，2009.

[13] 格雷厄姆 · 贝里奇（Graham Berridge）（英）著，蒋晓光译 . 节事设计与体验 Events design and experience [M]. 上海 : 格致出版社，上海人民出版社，2008.

[14] 琳恩 · 范 · 德 · 瓦根（Lynn Van Der Wagen）（澳）著，任余礼，任中玥，刘萍译 . 节事人力资源管理 Human resource management for events [M]. 上海 : 格致出版社，上海人民出版社，2009.

[15] 戴光全，马聪玲主编 . 节事活动策划与组织管理 [M]. 北京 : 中国劳动社会保障出版社，2007.

[16] 黄全德，宋珊萍主编 . 社区文化活动组织手册 [M]. 北京 : 中国社会出版社，2004.

[17] 郑维，董观志著 . 主题公园营销模式与技术 [M]. 北京 : 中国旅游出版社，2005.

[18] 许传宏著 . 会展策划（第二版）[M]. 上海：复旦大学出版社，2010.

[19] 宿荣江等著 . 活动项目策划与管理 [M] . 北京：旅游教育出版社，2004.05.

[20] 朱希祥，许玲妹，王从仁，姜衡著 . 文化活动的策划与操作 [M] . 上海：东华大学出版社，2005.09.

[21] 陈放著 . 策划学（修订本）[M]. 北京：蓝天出版社，2005.05.

[22] 张展，张玉玺著 . 活动策划 [M]. 北京：中国经济出版社，2006.06.

[23] 陈火金著 . 策划学全书 : 策划学专业经典教程 [M]. 北京：中国社会出版社，2005.07.

[24] 何先义 . 报纸策划的作用及原则 [J]. 湖南大众传媒职业技术学院学报，2009.39（2）.

[25] 施友谊，张义，王真主编 . 展览管理实务 [M]. 北京 : 化学工业出版社，2008.

[26] 全国二级建造师执业考试用书编写委员会 . 建设工程施工管理

[M]. 北京：中国建筑工业出版社，2010.
[27] 王华主编. 会展概论[M]. 广州：暨南大学出版社，2010.
[28] 卢晓编著. 节事活动策划与管理[M]. 上海：上海人民出版社，2009.
[29] 媒体概念. 百度文库 http://wenku.baidu.com/view/824c086c1eb91a37f1115c0b.html.
[30] 刘伯贤主编. 新闻宣传活动的策划与组织[M]. 广西：广西师范大学出版社，2009.
[31] 营销概念. 百度百科名片 http://baike. baidu.com/view/ 2145235.htm.
[32] 赵振宇主编. 新闻报道策划[M]. 湖北：武汉大学出版社，2009.
[33] 石磊主编. 新媒体概论[M]. 北京：中国传媒大学出版社，2009.

Postscript 后记

本书终于在几位编者的共同努力下完成了。在成书的过程中，得到了很多人的帮助和指导。北京市公园管理中心李炜民总工、科技处吴西蒙副处长对编写工作给予了指导。在此一并对参加编导的 11 家单位表示感谢！

2011 年 8 月